MARY MACLANE

Ich erwarte die Ankunft des Teufels

Die 19-jährige Mary MacLane wünscht sich Napoleon oder am besten gleich den Teufel als Liebhaber. Sie träumt von einer Revolution, während sie mit ihren Mitmenschen in dem tristen Bergarbeiterstädtchen in Montana genauso wenig anfangen kann wie mit ihren häuslichen Pflichten und der kargen Landschaft. Mary fühlt sich einsam auf der Suche nach sich selbst und dem guten Leben – und feiert trotzdem kraftvoll das eigene Ich. Die junge Frau aus der Provinz war völlig unbekannt, als sie 1902 ihr erstes, im Tagebuchstil verfasstes Buch veröffentlichte. Es wurde zum Skandal und MacLane schlagartig berühmt – in wenigen Wochen gingen mehr als 100 000 Exemplare über den Ladentisch. Auch über 100 Jahre später fasziniert es ungemein, wie virtuos und selbstverständlich MacLane sämtliche Konventionen über den Haufen wirft, wie sie zwischen Größenwahn und Todessehnsucht, Resignation und Euphorie tänzelt.

MARY MACLANE

Ich erwarte die Ankunft des Teufels

Aus dem amerikanischen Englisch übersetzt und
mit einem Nachwort von Ann Cotten

Mit einem Essay von Juliane Liebert

RECLAM

Ich erwarte die Ankunft des Teufels

Dem Teufel
mit den stahlgrauen Augen, der eines Tages
kommen mag – wer weiß? –
widme ich, mit der wahnwitzigen Liebe
eines jungen, müden, hölzernen Herzens,
dieses mein Buch.

Butte, Montana
November 1901

Ich, neunzehn Jahre alt und im weiblichen Geschlecht geboren, werde jetzt, so vollständig und ehrlich wie ich kann, eine Darstellung von mir selbst verfassen, Mary MacLane, die in der Welt nicht ihresgleichen kennt.

Davon bin ich überzeugt, denn ich bin ungewöhnlich.

Ich bin ausgesprochen originell, von Geburt an und in meiner Entwicklung.

Ich habe eine ganz ungewöhnliche Lebensintensität in mir.

Ich kann fühlen.

Ich habe eine wunderbare Fähigkeit zu Elend und zu Glück.

Ich bin gedanklich offen.

Ich bin ein Genie.

Ich bin eine Philosophin meiner eigenen guten peripatetischen Schule.

Mich kümmert weder Gut noch Böse – mein Gewissen ist gleich null.

Mein Gehirn ist ein Sammelgefäß energischer Vielfalt.

Ich habe einen wahrlich erstaunlichen Zustand elenden, krankhaften Unglücks erlangt.

Ich kenne mich, ach, sehr gut.

Ich habe einen wirklich seltenen Egoismus entwickelt.

Ich bin in die tiefen Schatten hineingegangen.

All das zusammen ergibt Seltsamkeit. Ich denke also, dass ich ziemlich, ziemlich seltsam bin.

Ich habe mich umgesehen, ob es auch nur die Andeutung einer Parallele zu den paar hundert Menschen gibt, die ich meine Bekannten nenne. Vergeblich. Es gibt Leute von unterschiedlicher Tiefe und charakterlicher Vertracktheit, aber niemanden, der sich mit mir vergleichen ließe. Die jungen Leute in meinem

Alter – sofern ich ihnen auch nur einen kurzen Blick in die wahren Vorgänge meines Gehirns gewähre – starren mich in ihrer stumpfen Blödheit nur verständnislos an; und die Alten, die vierzig und fünfzig sind – vierzig und fünfzig sind alt, wenn man neunzehn ist –, können auch nur blöd starren, oder sie setzen mit der ihnen eigenen Engstirnigkeit ihr kleines, teuflisches, überlegenes Lächeln auf, das sie für ahnungslose junge Menschen bereithalten. – Diese völlige Idiotie von Vierzig- und Fünfzigjährigen manchmal! –

Das sind sicherlich Extremfälle. Es gibt unter meinen jungen Bekannten auch welche, die nicht blöd starren, und ja, sogar mit vierzig und fünfzig gibt es ein paar, die die eine oder andere Phase meines komplizierten Charakters verstehen, auch wenn niemand ihn in seiner Ganzheit begreift.

Allerdings finde ich, wie gesagt, nicht einmal annähernd eine Entsprechung unter ihnen.

In diesem Moment denke ich an zwei berühmte Köpfe aus der literarischen Welt, die mit dem meinen gewisse feine Gemeinsamkeiten haben. Es sind die von Lord Byron und Marie Bashkirtseff. Im Byron des *Don Juan* finde ich mich selbst angedeutet. In diesem erhabenen Erguss werden nur wenige die Figur Don Juan bewundern, alle aber müssen Byron verehren. Man muss ihn wirklich bewundern. Er enthüllte und entblößte seine Seele, diese Mischung aus Gut und Böse – wie man so sagt –, damit die Welt sie betrachten konnte. Er kannte die menschliche Rasse. Und er kannte sich selbst.

Was diese seltsame Berühmtheit anbelangt, Marie Bashkirtseff: Ja, ich ähnele ihr in manchen Punkten, hat man mir gesagt. Aber in den meisten gehe ich über sie hinaus.

Wo sie tiefgründig ist, bin ich tiefgründiger.

Wo sie wunderbar leidenschaftlich ist, bin ich noch viel leidenschaftlicher.

Wo sie philosophisch ist, bin ich eine Philosophin.

Wo sie erstaunliche Eitelkeit und Einbildung besaß, bin ich noch eitler und eingebildeter.

Aber, ganz ehrlich, sie konnte gut malen – und ich – was kann ich?

Sie hatte ein wunderschönes Gesicht, und ich bin ein bedeutungsloses kleines Tier mit unauffälligen Zügen.

Sie war umringt von bewundernden, mitfühlenden Freunden, und ich bin allein – allein, obwohl es vor Leuten wimmelt.

Sie war ein Genie, doch ich bin noch viel mehr ein Genie.

Sie litt mit dem Schmerz einer Frau, die jung ist, und ich leide mit dem Schmerz einer Frau, die jung und ganz allein ist.

Und so ist es.

In mancherlei Hinsicht habe ich den Rand der Welt erreicht. Noch ein Schritt und ich falle hinunter. Ich mache den Schritt nicht. Ich stehe am Rand, und ich leide.

Nichts, ach, nichts auf der Welt kann so leiden wie eine Frau, die jung ist und völlig allein!

– Bevor ich mit der Darstellung von Mary MacLanes Persönlichkeit fortfahre, will ich etwas von ihrem uninteressanten Werdegang herunterschreiben.

Ich wurde 1881 in Winnipeg in Kanada geboren. – Ob Winnipeg noch einmal auf diese Tatsache stolz sein wird, ist eine Frage, die mir Anlass zu einiger Spekulation und Nervosität gibt. – Als ich vier Jahre alt war, wurde ich mit meiner Familie in eine kleine Stadt im Westen Minnesotas gebracht, wo ich, bis ich zehn wurde, ein mehr oder weniger nichtssagendes und einsames Leben führte. Dann kamen wir nach Montana.

Dort ging das Leben genauso weiter.

Mein Vater starb, als ich acht war.

Er ernährte mich und kleidete mich und schickte mich in die Schule – nicht mehr, als mir zusteht – und übertrug auf mich den Erbcharakter und das Blut der MacLanes, aber ich wüsste nicht, dass er mir je einen einzigen Gedanken schenkte.

Auf jeden Fall liebte er mich nicht, denn er war unfähig, irgendwen außer sich selbst zu lieben. Und da nichts in dieser Welt von Bedeutung ist, wenn die Menschen einander nicht lieben, ist es mir im höchsten Grade gleichgültig, ob mein Vater, Jim MacLane, selbstsüchtigen Eingedenkens, lebte oder starb.

Er ist mir nichts.

Auf dieser Welt sind mir noch gegeben: eine Mutter, eine Schwester und zwei Brüder.

Sie bedeuten mir auch nichts.

Sie verstehen mich nicht, sie scheinen mich als eine Art lebende Kuriosität zu betrachten.

Mich durchströmt in besonderer Weise das Blut der MacLanes, das aus dem schottischen Hochland stammt. Meine Schwester und meine Brüder haben die Züge der Familie ihrer Mutter aus dem schottischen Tiefland geerbt. Schon dieser Unterschied kann nicht hoch genug eingeschätzt werden. Davon abgesehen unterscheiden sich die MacLanes – diese speziellen MacLanes – ein klein wenig von jeder Familie in Kanada, wie auch von jeder anderen, die ich kennengelernt habe. Sie hat Fanatiker aller Art hervorgebracht – religiöse, soziale, was weiß ich. Und ich bin eine echte MacLane.

Zwischen meiner unmittelbaren Familie und mir herrscht nicht das kleinste bisschen Sympathie. Es wird auch niemals dazu kommen.

Meine Mutter, die die gesamten neunzehn Jahre mit mir verbracht hat, hat ein vollkommen verzerrtes Bild von meiner Natur und meinen Wünschen, falls sie sich überhaupt eine Vorstellung davon macht.

Wenn ich an die köstliche Liebe und zärtliche Sympathie denke, die zwischen einer Mutter und einer Tochter möglich wären, fühle ich mich um eine wunderschöne Sache betrogen, auf die ich ein Anrecht gehabt hätte, in einer Welt, wo es für mich wenige solcher Dinge gibt.

Es wird immer so sein.

Meine Schwester und meine Brüder interessieren sich nicht für mich, meine Analysen und meine Philosophie, auch nicht für meine Wünsche. Ihre eigenen sind entschieden praktisch und materiell. Liebe und Sympathie zwischen Menschen sind in ihren Augen etwas für Romanfiguren.

Kurzum, sie sind Tieflandschotten, und ich bin eine MacLane.

Wie ich schon erwähnte, schleppte ich also mein uninteressantes Dasein nach Montana. Das Dasein wurde jedoch weniger uninteressant, als mein vielseitiger Geist sich zu entwickeln und zu wachsen begann und die glitzernden Dinge kennenlernte, die da in der Welt sind. Allerdings wurde mir im Lauf der Jahre bewusst, dass mein eigenes Leben bestenfalls eine flüchtige, negative Angelegenheit ist. All die Schätze, die ich begehrte, fehlten.

Ich schloss die höhere Schule ab mit sehr gutem Latein, gutem Französisch und Griechisch und einem Desinteresse an Geometrie und sonstiger Mathematik. Von Geschichte und Literatur habe ich eine grobe Ahnung. Ohne schulische Unterstützung habe ich mir eine peripatetische Philosophie angeeignet. Bei Schulabschluss besaß ich ferner: das Genie, das mir immer schon eignete; ein leeres Herz, das eine gewisse hölzerne Beschaffenheit angenommen hatte; einen ausgezeichneten, starken jungen Frauenkörper und eine erbärmlich ausgehungerte Seele.

Mit dieser Ausstattung bin ich durch die letzten zwei Jahre gegangen. Mein Leben, sei es auch unbefriedigend und verzerrt, ist jetzt nicht mehr langweilig. Ein bitteres Elend lastet darauf – das Elend des Nichts.

Nichts beschäftigt mich sonderlich. Ich schreibe jeden Tag. Schreiben ist eine Notwendigkeit – wie Essen. Ich mache ein wenig Hausarbeit, was ich im Großen und Ganzen sogar mag – zumindest manche Aufgaben. Ich staube ungern Stühle ab, aber ich habe nichts dagegen, Böden zu scheuern. Ja, viel von meiner Kraft und körperlichen Anmut kommt vom Scheuern von Küchenböden – ganz zu schweigen von einigen feinen philosophischen Gedankengängen. Es flößt dem Körper und dem Gehirn Energie ein.

Hauptsächlich aber wandere ich sehr weit übers offene Land. Butte und seine unmittelbare Umgebung bieten einen so scheußlichen Anblick, wie man es sich nur wünschen kann. Es ist tatsächlich so scheußlich, dass es als Annäherung an die vollkommene Scheußlichkeit gelten kann. Und alles, was vollkommen ist oder beinahe, sollte man nicht verachten. Ich bin auf einige verblüffend subtile Ideen gekommen, während ich viele Meilen über den Sand und das karge Land zwischen den kleinen Hügeln und Schluchten gegangen bin. Die vollkommene Ödnis inspiriert lange, lange Gedankengänge und das namenlose Verlangen. Jeden Tag gehe ich über den Sand und die Ödnis.

Also scheint mein tägliches Leben gewöhnlich genug zu sein, und möglicherweise kommt es einem gewöhnlichen Menschen sogar einigermaßen bequem vor.

Das mag sein.

Für mich ist es nur eine leere, verdammte Müdigkeit.

Ich stehe früh auf, esse drei Mahlzeiten und gehe spazieren; arbeite ein wenig, lese ein wenig, schreibe; treffe ein paar uninteressante Leute, gehe schlafen.

Am nächsten Tag stehe ich früh auf, esse drei Mahlzeiten und gehe spazieren; arbeite ein wenig, lese ein wenig, schreibe; treffe ein paar uninteressante Leute; gehe schlafen.

Wieder stehe ich früh auf, esse drei Mahlzeiten und gehe spazieren; arbeite ein wenig, lese ein wenig, schreibe; treffe ein paar uninteressante Leute; gehe schlafen.

Wahrlich ein erhabenes, seelenvolles Leben!

Was es mir gibt und wie es mich prägt, versuche ich jetzt zu schildern.

In mir trage ich den Keim eines intensiven Lebens. Wenn ich leben könnte, und wenn es mir gelingen könnte, mein Leben aufzuschreiben, würde die Welt seine schwere Intensität spüren.

Ich habe die Persönlichkeit, die Anlagen eines Napoleon, wenngleich in einer weiblichen Version. Daher erobere ich nicht; ich kämpfe nicht einmal. Ich schaffe es gerade einmal, zu existieren.

– Arme kleine Mary MacLane, – was könntest du nicht alles sein? Welch herrliche Taten könntest du vollbringen? Aber kleingehalten, halb begraben, ein Samenkorn, das auf unfruchtbaren Boden fiel, allein, unverstanden, unbekannt – arme kleine Mary MacLane! – Weine, Welt, – warum weinst du nicht? – für die arme kleine Mary MacLane.

Wäre ich als Mann geboren worden, hätte ich bereits einen tiefen Eindruck in der Welt hinterlassen – in irgendeinem Teil davon. Aber ich bin eine Frau, und Gott, oder der Teufel, oder das Schicksal, oder was es auch immer war, hat mir die dicke äußere Haut abgezogen und mich mitten ins Leben hineingeworfen – hat mich dort zurückgelassen als einsames, verdammtes Ding, gefüllt mit dem roten, roten Blut des Ehrgeizes und der Lust, das aber vor Berührungen Angst hat, denn zwischen meinem empfindlichen Fleisch und den Fingern der Welt ist keine dicke Haut.

Aber ich möchte berührt werden.

Napoleon war ein Mann, und wenn auch sein Fleisch fein empfand, war es sicher eingehüllt.

Aber ich bin eine Frau. Ich wache auf, und nachdem ich aufgewacht bin und mich umgesehen habe, möchte ich mich umdrehen und wieder einschlafen. Schmerz ist mit diesen Dingen verbunden, wenn man eine Frau ist, jung und völlig alleine.

– Mich erfüllt ein Ehrgeiz. Ich möchte der Welt eine nackte

Darstellung von Mary MacLane geben: Ich zeige ihr hölzernes Herz, ihren guten jungen Frauenkörper, ihren Geist, ihre Seele.

Ich möchte schreiben, schreiben, schreiben!

Ich möchte diese schöne, gütige, zärtliche, erquickende Sache erlangen: Ruhm. Ich will ihn – oh, ich will ihn! Ich will all meine Unbekanntheit, mein Elend, – mein müdes Unglück für immer hinter mir lassen.

Ich bin meines Unglücks so zum Sterben müde.

Ich möchte, dass diese Schilderung veröffentlicht wird und in jenes tiefe, salzige Meer sticht, das die Welt ist. Es gibt dort sicher einige, die sie und mich verstehen werden.

Kann ich sein, was ich bin – kann ich ein seltsames, seltenes Genie besitzen und doch mein Leben verborgen in diesem ungehobelten, verzerrten Städtchen in Montana fristen?

Es ist doch unmöglich! Wenn ich glaubte, dass die Welt nichts anderes für mich bereithielte – ach, was täte ich! Würde ich mein trostloses kleines Leben jetzt beenden? Ich fürchte, ja. Ich bin Philosophin – und ein Feigling. Und es wäre unendlich viel besser, jetzt im schnellen Puls der Jugend zu sterben, als Jahr für Jahr, Jahr für Jahr sich weiterzuschleppen und sich schließlich als starre alte Frau wiederzufinden, lustlos, hoffnungslos, mit einem alternden Körper, einem nachlassenden Gehirn – und auf nichts zurückblicken zu können außer Visionen dessen, was möglich hätte sein können – und die Müdigkeit.

Ich sehe das Bild. Ich sehe es deutlich. Oh, gütiger Teufel, erlöse mich davon!

In einer Welt von so vielfältiger Schönheit muss es doch auch etwas für mich geben.

Und noch immer, solange ich jung bin, leuchtet mir diese trübe Funzel, die Zukunft. Aber ihr Licht ist in der Tat ein sehr, sehr trübes, und oft trügt es.

Nun denn. Ich befinde mich an diesem Punkt, als Frau von neunzehn Jahren. Ich bin ein Genie, eine Diebin, eine Lügnerin – eine moralische Vagabundin von Grund auf, mehr oder weniger eine Närrin und eine Philosophin der peripatetischen Schule. Ich finde auch, dass selbst diese Kombination niemanden glücklich machen kann. Sie reicht aber aus, um mein vielseitiges Denken zu beschäftigen, und dass ich mich weiterhin frage, was ein gütiger Teufel für mich auf Lager haben mag.

Eine Philosophin meiner eigenen peripatetischen Schule – Stunde um Stunde durchwandere ich die öde Wüste, die Trostlosigkeit zwischen den winzigen Hügeln und Schluchten am Rand dieser Bergbaustadt; am Morgen, am langen Nachmittag, in der Kühle der Nacht. Und Stunde um Stunde, während ich gehe, marschieren durch mein Gehirn lange, lange Prozessionen: die Prozession meiner Fantasien, die Prozession meines unnachahmlichen Egoismus, die Prozession meines Unglücks, die Prozession meines detaillierten Analysierens, die Prozession meiner eigentümlichen Philosophie, die Prozession meines öden, öden Lebens, – und die Prozession der Möglichkeiten.

Wir drei gehen hinaus auf den Sand, über die Ödnis: mein hölzernes Herz, mein guter junger Frauenkörper, meine Seele. Wir gehen dorthin und betrachten reflektierend die lange, sandige Einöde, die rote, rote Linie am Himmel, wenn die Sonne untergeht, die kalten, düsteren Berge darunter, den Boden ohne Unkraut, ohne einen Grashalm, obwohl es ihre Jahreszeit wäre – der Schwefelrauch der Gießereien hat sie schon vor vielen Jahren vernichtet.

Dieser Sand und diese Ödnis sind also die Kulisse für meine Persönlichkeit.

Ich fühle mich etwa vierzig Jahre alt.

Aber ich weiß, dass mein Gefühl nicht das Gefühl ist, das man mit vierzig Jahren hat. Das hier sind die Gefühle elender, unglücklicher Jugend.

Jeden Tag wird mir die Atmosphäre eines Hauses unerträglich, also gehe ich jeden Tag hinaus zum Sand und zur Ödnis. Es ist weder kalt noch mild. Es ist düster.

Ich sitze zwei Stunden lang neben einem erbärmlich kleinen, schmalen Wasserlauf auf dem Boden. Er ist nicht einmal ein natürlicher Bach. Ich vermute, dass er aus irgendeinem Bergwerk in den Hügeln kommt. Aber es ist schon gut, dass der Bach kein natürlicher ist – wenn man den Sand und die Ödnis betrachtet. Es ist eigentümlich passend.

Und ich passe auch eigentümlich dazu. Es ist gut, zu passen, mit etwas in Einklang zu sein, und wenn es bloß Sand und Ödnis sind.

Der Sand und die Ödnis sind alt – ach, sehr alt. Das fällt einem ein, wenn man sie anschaut.

Was täte ich, wenn die Erde aus Holz wäre, mit einem Himmel aus Papier!

Ich fühle mich etwa vierzig Jahre alt.

Und wieder sage ich, ich weiß, dass mein Gefühl nicht das ist, das man mit vierzig Jahren hat. Das hier sind die Gefühle elender, unglücklicher Jugend.

Noch erbärmlicher als der Sand und die Ödnis und der armselige künstliche Bach ist der trockene, verzerrte Friedhof, auf dem die trockenen, verzerrten Leute von Butte ihre toten Freunde begraben. Es ist mir ein Quell der Befriedigung, zu diesem Friedhof hinunterzusteigen und ihn zu betrachten und in seiner kompletten Erbärmlichkeit zu schwelgen.

»Er ist noch erbärmlicher als ich selbst und mein Sand und

meine Ödnis und mein armer künstlicher Bach«, sage ich wieder und wieder, und das tröstet mich.

Sein Zustand ist noch desolater als der einer jungen Frau, die ganz alleine ist. Er ist ungepflegt. Er erstickt an Staub und Steinen. Die vereinzelten Grashalme sehen aus, als würden sie sich schämen, dort zu wachsen. Viele Grabmale sind aus Holz und beschämend verwittert. Die aus Stein sind noch schändlicher in ihrer gleißenden Härte.

Die trockenen, verzerrten Freunde der trockenen, verzerrten Leute von Butte sind in diesem staubigen, trostlosen, vom Wind verwüsteten Schutt begraben. Sie werden hier abgeladen und vergessen.

Der Teufel muss seine Freude an diesem Friedhof haben.

Und ich freue mich mit dem Teufel.

Es ist etwas, das ich betrachten kann, das noch erbärmlicher ist als ich selbst und mein Sand und meine Ödnis und mein künstlicher Bach.

Ich freue mich mit dem Teufel.

Die Bewohner dieses Friedhofs sind vergessen. Ich habe einmal zugesehen, als ein kleines Kind begraben wurde. Die nächsten zwei Wochen lang kam ich jeden Tag wieder und sah dort die Mutter des Kinds. Sie kam und stand neben dem neuen kleinen Grab. Ein paar Tage später kam sie nicht mehr.

Ich kannte die Frau und ging sie besuchen. Sie begann, das Kind zu vergessen. Sie begann, die Fäden ihres Lebens dort, wo sie sie fallengelassen hatte, wieder aufzunehmen. Die Fäden ihres Lebens sind verstrickt mit den Trennungen und Streitangelegenheiten ihrer Nachbarn.

Draußen auf dem verzerrten Friedhof ist ihr Kind vergessen. Und bald wird der Grabstein aus Holz beginnen zu verfaulen. Aber die Würmer werden ihren Teil nicht vergessen. Sie haben den kleinen Körper mittlerweile aufgefressen und es genossen. Sie genießen es immer, einen Körper zu fressen.

Und der Teufel freute sich auch.

Und ich freute mich mit dem Teufel.

Sie sind, ich bestehe darauf, noch erbärmlicher als ich selbst und mein Sand und meine Ödnis – die Mutter, deren Leben mit den Streitigkeiten und Trennungen verstrickt ist, und die Würmer, die am Kinderkörper fressen, und der hölzerne Grabstein, der bald verrotten wird.

Und so freuen sich der Teufel und ich.

Aber ganz gleich, wie furchterregend erbärmlich der vertrocknete Friedhof sein mag, der Sand und die Ödnis und der träge kleine Bach haben ihre eigene, zähe, individuelle Verdammnis. Wenigstens ist die Welt so geschaffen, dass ihre Schätze jeder auf eine andere Art verdammt sein können.

Ich fühle mich etwa vierzig Jahre alt.

Und ich weiß, dass mein Gefühl nicht das Gefühl ist, das man mit vierzig Jahren hat. Die Vierzigjährigen fühlen nichts von diesen Dingen. Mit vierzig ist das Feuer längst ausgebrannt. Wenn ich vierzig bin, werde ich auf mich selbst zurückblicken und auf meine Gefühle mit neunzehn – und ich werde lächeln.

Werde ich wirklich lächeln?

17. Januar

Wie gesagt, ich will Ruhm. Ich will schreiben – Dinge schreiben, die den bewundernden Zuspruch der ganzen Welt auf sich ziehen; Dinge, wie sie nur einmal in vielen Jahren geschrieben werden, die sich subtil, aber eindeutig von den Büchern unterscheiden, die jeden Tag geschrieben werden.

Ich kann das.

Lassen Sie mich nur anfangen, lassen Sie mich nur die Welt an einer empfindlichen Stelle treffen, und ich erobere sie im Sturm. Lassen Sie mich nur meine Sporen verdienen, und dann werden Sie mich sehen – weiblich, jung –, kühn auf einem

Schlachtross, die Welt niederstürmend, der Ruhm auf den Fersen des Schlachtrosses, und die Menge wird staunen mit offenem Mund.

Aber ach, noch mehr als all das will ich glücklich sein!

Ruhm ist in der Tat gütig und zärtlich und befriedigend. Aber Glück ist eine zugleich zärtliche und alles auf der Welt überglänzende Sache.

Ich will Ruhm mehr, als ich aussprechen kann.

Aber noch mehr als Ruhm will ich Glück. In meinem müden jungen Leben bin ich noch nie glücklich gewesen. Man stelle sich vor, oh, man *stelle* sich nur vor, ein Jahr lang glücklich zu sein – einen Tag lang! Wie strahlend blau wäre der Himmel; wie schnell und fröhlich flössen die grünen Flüsse; in welch verrücktem, fröhlichem Triumph würden die vier Himmelswinde um die Ecken der schönen Erde fegen!

Was gäbe ich nicht für einen Tag, eine Stunde dieser verzauberten Sache, Glück! Was gäbe ich nicht dafür?

Wie wir eifrigen Idioten einander auf die Füße treten und an den Haaren reißen und einander die Gesichter zerkratzen, in unserem blindwütigen Galopp dem Glück hinterher. Manche finden es im Ruhm, manche im Geld, manche in der Macht, manche in der Tugend – und ich finde es in etwas, das der Liebe sehr ähnlich sieht.

Kein anderer Narr begehrt das Glück, wie ich es begehre. Für eine einzige Stunde Glück würde ich auf einen Schlag alles aufgeben: Ruhm und Geld und Macht und Tugend und Ehre und Rechtschaffenheit und Wahrheit und Logik und Philosophie und Genie. Und ich würde sagen: Was für ein kleiner, kleiner Preis für das teure Glück.

Ich bin bereit und warte darauf, alles, was ich habe, dem Teufel zu übergeben im Austausch gegen Glück. Ich bin so lang mit dem öden, öden Elend des Nichts gequält worden – meine gesamten neunzehn Jahre lang. Ich will glücklich sein – oh, ich möchte glücklich sein –

Der Teufel ist noch nicht gekommen. Aber ich weiß, dass er meistens kommt, und ich erwarte ihn voller Vorfreude.

Zum Glück bin ich nicht eine von jenen, die mit einem inwendigen Sinn für Tugend und Ehre belastet sind, denen sie immer vor dem Glück den Vorrang geben. Nur wenige finden ihr Glück in ihrer Tugend. Die meisten müssen sich damit abfinden, es davonspazieren zu sehen. Aber mir bedeuten Tugend und Ehre nichts.

Ich sehne mich unaussprechlich nach Glück.

Und so warte ich auf den Teufel.

18. Januar

Und in der Zwischenzeit – während ich warte – beschäftigt sich mein Denken mit seiner eigenen guten, seltsamen Philosophie, sodass sogar das Nichts beinahe erträglich wird.

Der Teufel hat mir das eine oder andere Gute mitgegeben – denn ich meine, dass der Teufel die Erde und alles, was darin ist, besitzt und beherrscht. Er hat mir unter anderem meinen bewunderungswürdigen jungen Frauenkörper gegeben, den ich durch und durch genieße und den ich leidenschaftlich gerne mag.

Zuckungen der Freude erfassen mich, wenn ich in irgendeinem bestimmten Moment an die robuste Gesundheit und Lebenskraft dieses herrlichen jungen Körpers denke, der in jeder Faser feminin ist.

Sie dürfen das Bild vorne in diesem Buch betrachten und bewundern. Es ist das Bild eines Genies – eines Genies mit einem guten, starken, jungen Frauenkörper, – und im Inneren des abgebildeten Körpers befindet sich eine Leber, eine MacLane-Leber, von bewundernswürdiger Perfektion.

Andere junge Frauen und ältere Frauen und Männer jeglichen Alters haben auch gute Körper, zweifellos – obwohl der männliche Körper mir nur Fleisch zu sein scheint, Fleisch und Knochen und sonst nichts. Aber wenigen ist der Wert ihrer Körper bewusst; wenige haben dessen Möglichkeiten erfasst, die künstlerische, graziöse Perfektion, die Poesie gesunden menschlichen Fleisches. Wenige sind auch nur vernünftig genug, ihr Fleisch gesund zu halten oder zu wissen, was Gesundheit überhaupt ist, bis sie irgendein lebenswichtiges Organ ruiniert und sie so auf immer verbannt haben.

Ich habe keines meiner Organe ruiniert, und ich habe einen Sinn dafür, was Gesundheit ist. Ich habe die Kunst, die Poesie meines feinen, femininen Körpers erfasst.

– Das mit neunzehn Jahren geschafft zu haben, empfinde ich als Triumph. –

Manchmal, mitten in einem hellen Oktober, bin ich meilenweit in der stillen Luft unter dem Blau des Himmels gegangen. Die Helligkeit des Tages und das Blau des Himmels und der unvergleichliche hohe Luftraum sind in meine Adern eingetreten und flossen durch mich in meinem roten Blut. Sie drangen in jedes entlegene Nervenzentrum und in mein Knochenmark.

In so einem Moment glüht dieser junge Körper vor Leben.

Mein rotes Blut fließt schnell und fröhlich – mitten in dem hellen Oktober.

Meine robuste, empfindliche Leber ruht sanft mit ihrer dünnen gelben Galle in süßer Zufriedenheit.

Mein ruhiger, schöner Magen singt lautlos, während ich gehe, ein Lied des Friedens, umgeben vom Glockengeläut, das mein Mittagessen war.

Meine Lungen, getränkt mit Bergluft und dem Parfum der Kiefern, weiten sich in unaufhörlicher Verzückung.

Mein Herz pocht wie die Musik von Schumann, in einem leichten, anmutigen Rhythmus mit einem mächtigen Grundton.

Selbst mein Darm räkelt sich zufrieden an seinem Platz wie eine Schlange im heißen Staub, mit den Vibrationen bewussten Lebens.

Meine starken und empfindlichen Nerven schnaufen und schwimmen in Sinnlichkeit wie trunkene kleine Bacchantinnen, übermütig und bekränzt in besinnungsloser Feier.

Der gesamte, wunderbare, elegante Mechanismus meines Frauenkörpers ist zur Zeit – wie auch der wunderbare, elegante Mechanismus meines weiblichen Gehirns – im Zauberbann eines Tages im Oktober.

»Es ist gut«, denke ich bei mir, »oh, wie gut es ist, am Leben zu sein! Es ist wunderbar gut, eine Frau zu sein, jung, in der Fülle von neunzehn Lenzen. Es ist unaussprechlich herrlich, ein gesundes junges Tier zu sein und auf dieser verzauberten Erde am Leben zu sein.«

Nachdem ich einige Stunden lang gegangen bin, komme ich in eine Gegend, in die der Schwefelrauch noch nicht vorgedrungen ist, und ich sitze am Boden mit hochgezogenen Knien und ruhe mich aus, während die Schatten länger werden. Die Schatten werden früh länger im Oktober.

Nach einer Zeit liege ich flach auf dem Rücken und strecke meine geschmeidige Schlankheit bis zum Äußersten, wie eine Berglöwin, die es sich gemütlich macht. Ich danke dem Teufel innig für meine zwei guten Beine, die mir unter einem kurzen Rock gute Dienste leisten, wenn sie mich, wie jetzt, weit über den Rand der Zivilisation hinaustragen, fort von den ermüdend dumpfen Leuten. Es gibt auf der Welt nichts, was einen so ermüden kann wie Menschen, Menschen, Menschen!

– Daher, Teufel, nehmen Sie bitte für meine zwei guten Beine meine aufrichtigste Dankbarkeit entgegen. –

Ich liege einige Minuten am Boden und hänge müßig meinen Gedanken nach. Eine ganze Welt leichter, träger, schöner Sinnlichkeit wohnt in der Gestalt einer jungen Frau, die unter einer warmen, untergehenden Sonne auf dem Boden liegt. Ein Mann mag am Boden liegen – aber das ist es auch schon. Ein Mann würde einschlafen, wahrscheinlich, wie ein Hund oder ein Schwein. Er würde vielleicht sogar schnarchen unter der sterbenden Sonne. Aber der Mann hat zum Fühlen ja auch keinen guten jungen weiblichen Körper, um die Kraft einer wärmenden sinkenden Sonne in sich aufzunehmen an solch einem Oktobertag. – Verzeihen wir ihm also das Schlafen, und das Schnarchen.

Als ich mich wieder aufsetze, hat sich die ganze Helligkeit im Westen konzentriert. Sie wirft einen gelben Schein über die Erde, einen Schein nicht von Glück oder Vergnügen oder Genuss, – sondern von Frieden.

Die jungen Pappeln lächeln sanft in der totenstillen Luft. Das Artemisiakraut und das hohe Gras umgibt eine strahlende Stille. Die hohen Hügel Montanas, nah und fern, wirken zugewandt und wohlwollend. Alles ist Friede – Friede. Ich denke an jenes schöne alte Lied –

Süßes Tal von Avoca! Wie ruhig wär' ich
an deinem schattigen Busen –[1]

Aber ich bin noch zu jung, um an Frieden zu denken. Friede ist nicht, was ich will. Friede ist was für Vierzig- und Fünfzigjährige. Ich warte auf meine Erfahrung.

Ich erwarte die Ankunft des Teufels.

Und jetzt, kurz vor der Dämmerung, nachdem die Sonne über dem Kamm verschwunden ist, steht der rote, rote Streifen am Horizont.

Es wird wilde und stürmische Tage geben, voller Regen, Wind und Hagel; und doch fast immer bei Sonnenuntergang wird es ruhig und es erscheint die rote Linie des Himmels.

Es gibt auf der Welt nichts, das diesem roten Himmel bei Sonnenuntergang gleicht. Er ist Glorie, Triumph, Liebe, Ruhm!

Man stelle sich ein Leben vor, aller Dinge beraubt, ein Leben, auf das Finger zeigen und gehobene Augenbrauen deuten; gebeutelt, hin- und hergeworfen; zermalmt, geschlagen, ausgeblutet, auseinandergerissen, entrüstet, verkrampft vor Schmerz.

Und dann, in diesem Leben, das noch jung ist, die rote, rote Linie des Himmels!

– Warum schrie ich auf gegen das Schicksal, sagt die Linie; warum lehnte ich mich gegen meine Leidenszeit auf? Nun freue ich mich vielmehr daran; jetzt in meinem Glück erinnere ich mich daran nur mit tiefem Vergnügen. –

Man denke an diesen wunderbaren, bewunderungswürdigsten, unvergleichlichen Mann aus Stahl, Napoleon Bonaparte. Er warf sich mit ganzem Gewicht auf die Welt, und die Welt war nie mehr dieselbe. Er hasste sich und die Welt, Gott und das Schicksal und den Teufel. Sein Hass war seine Leidenszeit.

Dann warf die Sonne für ihn eine rote, rote Linie an den Himmel – die rote Linie des Triumphs, der Ehre, des Ruhms!

Und danach kam die Schwärze der Nacht, die Schwärze, die nicht zärtlich ist, nicht freundlich.

Aber so schwarz unsere Nacht auch sein mag, nichts kann uns die Erinnerung an den roten, roten Himmel nehmen. »Erinnerung ist Besitz«, und so haben wir den roten Himmel immer bei uns.

O Teufel, Schicksal, Welt – wer auch immer, bringe mir meinen roten Himmel! Nur eine ganz kurze Zeit, und ich bin zufrieden. Bringe ihn mir, intensiv rot, voll, lebendig! So kurz wie du willst, aber rot, rot, rot!

Ich bin müde – müde, und oh, ich will meinen roten Himmel!

So kurz es auch wäre, die Erinnerung, der Duft würde für immer bei mir bleiben – für immer. Bring mir, Teufel, meine rote Himmelslinie für eine Stunde und nimm alles, *alles*, was ich besitze. Lass mich mein Glück eine Stunde lang behalten und nimm mir dann alles, für immer. Ich werde es zufrieden sein, wenn die Nacht gekommen ist und alles weg ist.

Oh, ich erwarte dich, Teufel, in wilder taumelnder Ungeduld!

Während ich durch die kühle Dunkelheit des Oktobers zurückeile, fühle ich diese Raserei in jeder Faser meines glühenden Frauenkörpers.

Ich stamme von einer langen Linie von MacLanes aus Schottland und Kanada ab. Es gibt einen Haufen MacLanes, aber meist wird in jeder Generation nur ein einziger echter MacLane geboren. Nur einer fühlt wieder den leidenschaftlichen Geist der Clans, jener barbarischen Bewohner des öden, aber geliebten schottischen Hochlands.

Ich bin die echte MacLane meiner Generation. Die echte MacLane ist in den letzten Jahrhunderten immer eine Frau gewesen. Die Männer in meiner Familie erreichen keine großen Höhen, nichts, was der Rede wert ist – bis auf den Zenit der Selbstsucht, den Höhepunkt des reinen Egoismus.

Das Leben ist vermutlich leichter für die unzähligen kanadischen MacLanes, die keine echten sind. Für die eine echte ist es aber mehr oder weniger ein Leidensberg. Sie ist ganz auf sich gestellt; sie findet sich ein wenig allein. Ich habe Brüder, eine Schwester und eine Mutter im selben Haus – und finde mich ein wenig allein. Zwischen ihnen und mir herrscht keine Zärtlichkeit, kein Mitgefühl, keine Verbindung. Angenommen, sie würden alle morgen sterben, würde es mich wohl im Geringsten angehen? Wäre ich keine echte MacLane, wäre es vielleicht anders, oder ich hätte diese Dinge gar nicht vermisst.

Wie viel, Teufel, habe ich verloren gegen den Vorzug, eine echte MacLane zu sein.

Aber – ja. Ich habe auch viel gewonnen.

Ich habe gesagt, dass ich völlig allein bin.

Ich bin nicht völlig, völlig allein.

Ich habe eine Freundin – mit jener Art von Freundschaft, die echt ist und die die wunderschöne Substanz der Wahrheit ziert. Weil sie die wunderschöne Sache Wahrheit umschließt, ist diese meine eine Freundschaft mir irgendwie zu hoch; es ist etwas darin, nach dem ich vergeblich hasche – denn ich besitze diese himmlisch schöne Sache Wahrheit nicht. Habe ich nicht erwähnt, dass ich eine Diebin und eine Lügnerin bin? Aber in dieser Freundschaft liegt etwas Seltenes, unfassbar Süßes, das mir gehört. Es ist die eine zärtliche Sache in dieser stumpfsinnigen Ödnis, die mich umfängt und einhüllt.

Gibt es denn viele Dinge in dieser kaltherzigen Welt, die so aufs Äußerste entzückend sind wie die reine Liebe einer Frau für eine andere Frau?

Meine eine Freundin ist eine Frau, etwa zwölf oder dreizehn Jahre älter als ich. Sie unterscheidet sich von mir wie der Tag von der Nacht. Sie glaubt an Gott – jenen Gott, der in der Bibel der Christen vorgeführt wird. An ihr ist eine Atmosphäre der Sanftheit und Wahrhaftigkeit. Während ich bereit bin, mein Leben dem Teufel zu widmen, um es gegen Glück einzutauschen oder noch Schlechteres. Aber ich liebe Fanny Corbin mit einer merkwürdigen, lebhaften Intensität und mit aller Aufrichtigkeit und Leidenschaft, die ich in mir habe. Oft denke ich an sie, wenn ich den ganzen Tag in meinem Nichts über den Sand gehe. Ihre und meine Freundschaft liegt wie eine helle, liebe Segnung auf mir, aber es ist darin etwas – tief unten –, das sich mir entzieht. In den Momenten, in denen mir das klar wird, wenn ich mich strecke und nach etwas greife, das mir davontanzt, wenn ich wirklich eine Vision von Fanny Corbins Persönlichkeit vor mir sehe, sind das die Momente, in denen mir heftig klar wird, dass ich nicht gut bin.

Aber ich kann sie lieben, mit dem ganzen Feuer eines jungen und leidenschaftlichen Herzens.

Ja, das kann ich tun.

Ein Jahr schon liebe ich meine eine Freundin. Während der achtzehn Jahre meines Lebens, bevor sie mir begegnete, liebte ich niemanden, denn da war niemand.

Es ist eine extrem harte Sache, achtzehn Jahre zu durchleben, ohne jemanden zu lieben und ohne jemanden, der einen liebt – die ersten achtzehn Jahre.

Aber nun habe ich meine eine Freundin, die ich liebe und verehre.

Ich habe meine Freundin »die Anemonendame« genannt, eine wunderschön passende Bezeichnung.

Die Anemonendame unterrichtete mich damals in der Butte High School in Literatur. Sie las im Klassenzimmer Gedichte mit einer so klaren, hellen Stimme vor, dass man sich wünschte, ewig dazusitzen und ihr zuzuhören.

Aber jetzt habe ich die Schule verlassen, und die liebe Anemonendame hat Butte verlassen. Bevor sie ging, sagte sie, wir können Freunde sein.

Man stelle sich nur vor – zu leben und eine Freundin zu haben!

Meine Freundin versteht mich nicht ganz; sie denkt von mir viel zu gut. Sie hat keine richtige Vorstellung von den Tiefen und Untiefen meiner Seele. Aber selbst, wenn sie davon wüsste, wäre sie immer noch meine Freundin. Sie kennt das schwere Gewicht meiner Unruhe, meines Unglücks. Sie ist zärtlich und mitfühlend. Sie ist auf der ganzen Welt die Einzige, die mir kostbar ist.

Oft denke ich, wenn ich nur meine Anemonendame haben und mit ihr leben könnte, in irgendeinem abgelegenen Ort hoch auf der Flanke eines Berges, für den Rest meines Lebens – was wünschte ich mehr? Meine Freundschaft wäre mein Leben. Die Unruhe, die Trübsal, das Nichts meines jetzigen Daseins ist im Vergleich dazu so öd und grau, dass in jenem Leben für mich Glück läge, ein sanft strahlendes Glück, wenn auch ein stilles – mit dem frischen, dünnen Duft der lieben blauen Anemone, die im Wind und im Regen des Frühlings gedeiht.

Aber gewiss würde Fräulein Corbin etwas befremdet auf die Idee reagieren, den Rest ihres Lebens mit mir auf einem Berg zu verbringen. Sie mag mich gern, aber ihr Gefühl für mich ist nicht wie meines für sie, was auch wohl verständlich ist. Und ihr Leben besteht vor allen Dingen aus Opfern, die sie ihren Mitmenschen bringt, sie verausgabt sich für die anderen. Sie würde das niemals hinter sich lassen.

Folglich sind die Bergflanke und die Einsamkeit und die Freundin an meiner Seite, wie alles, was gut ist, nur eine Vision.

»Deine Freundin ist immer deine Freundin; nicht, um sie zu besitzen, oder um sie zu halten, oder um sie zu lieben, oder um dich über sie zu freuen, sondern um dich an sie zu erinnern.«[2]

Und so erinnere ich mich an meine eine Freundin, die Anemonendame – und denke oft mit leidenschaftlicher Liebe an sie.

21. Januar

Glück, wisst ihr, ist von dreierlei Art – und jede ist flüchtig. Das Glück bleibt nie, sondern es kommt und es geht.

Es gibt jenes Glück, das von frischgewaschenen Füßen kommt, zum Beispiel, und einem Paar sauberer Strümpfe, besonders, wenn man lange über Land gegangen ist. Immer habe ich diese Art von Glück identifiziert mit dem Bild einer Malteserkatze, die eine hungrige, verstohlene, sinnliche Zunge in eine Schale frischer, dicker Sahne taucht.

Dann gibt es jenes stille Glück, das mir bei den seltenen Anlässen zukam, wenn ich mit meiner einen Freundin zusammen war – und das für die Leute, deren Gefühle sich in einem vernünftigen Maß halten, völlig ausreicht. Sie brauchen nicht mehr. Sie hätten keinen Sinn für etwas Tieferes.

Und dann gibt es die Art von Glück wie das des roten Himmels am Abend. Etwas Schreckliches verbirgt sich im Gedanken an dieses unbeschreibliche, verrückte Glück. Was ist es arg, wenn ein Mensch *glücklich* ist – mit dem roten, roten Glück des abendroten Himmels!

Es ist wie ein gewaltiger Sommersturm mit Regen und Wind, der das ruhige Wasser in wilden Wellen hochpeitscht, große Bäume zur Erde beugt, – in dem sich die grüne Erde unter exquisiten Schmerzen windet.

Es ist wie etwas von Schubert, auf der Violine gespielt, das dir das Innerste aufwühlt, in seltsamer Folter.

Es ist wie die göttliche menschliche Stimme, die eine schottische Ballade auf eine Art singt, die dir die Seele aus dem Körper zieht.

Aber es gibt keine Worte, um es zu schildern. Es ist unendlich über und jenseits von Worten. Es ist die Art von Glück, die mir der Teufel bringen wird, wenn er kommt, – zu mir, zu *mir*! Oh, warum kommt er nicht jetzt, wo ich mitten in meiner Jugend bin! Warum braucht er so lange?

Oft hört man Geschichten darüber, wie der Teufel kurz davor stand, jemandem alles zu nehmen und ihm dafür sein Maß Glück auszuhändigen. Und manchmal war die Person von tugendhaftem Wesen und konnte das Glück gar nicht annehmen, als es ihr angeboten wurde. Aber Glück ist seine eigene Rechtfertigung und sollte eifrig ergriffen werden, wenn es kommt.

Eine Welt voller Narren wird das nie lernen.

Und so stehe ich da mitten im Nichts und warte und sehne mich nach dem Teufel, und er kommt nicht. Das Warten fühlt sich an wie ein Ersticken, ein Erwürgtwerden, eine solche Dringlichkeit – oh, warum kommt mein Glück nicht! Ich warte schon so lange – so lange! –

Es gibt Leute, die mir sagen, ich solle nicht an den Teufel denken, ich solle nicht an Glück denken – Glück für mich werde gewiss etwas Böses bedeuten (als ob Glück je böse sein könnte); dass ich daran denken solle, ein guter Mensch zu sein, – ich solle an Gott denken. Das sind Menschen, die dazu beitragen, die Welt mit Narren zu füllen. Jedenfalls können mich ihre Worte nicht berühren. In diesem Schema kann ich nicht zwischen Gut und Böse unterscheiden. Es ist einer der Gedankengänge, die ich bis an den Rand, bis ans Ende verfolgt habe. Ich bin an dem Punkt angelangt, an dem alle Logik schließlich endet. Ich kann nur sagen: Was ist falsch? Was ist richtig? Was ist gut? Was ist böse? Die Worte sind nur Worte, mit Wortbedeutungen.

Wahrheit ist Liebe und Liebe ist die einzige Wahrheit, und Liebe ist von allem das Einzige, was echt ist.

Gott ist mir weniger als nichts. Der Teufel ist in Wirklichkeit der Einzige, an den wir uns wenden können, und er verlangt für jeden Dienst seinen vollen Lohn.

Aber er wird sicher eines Tages mit meinem Glück auftauchen.

Aber wie kann ich nur warten!

Eine Frau zu sein, jung und völlig alleine, ist hart – *hart!* – es bedeutet, hoffnungslos zu begehren und ein schweres, schweres Gewicht zu tragen.

Oh, verdammt! Verdammt! Verdammt! Verdammt sei alles, was lebt, die Welt! – Das Universum sei verdammt!

Oh, bin ich müde, müde! Seht ihr nicht, dass ich müde bin, habt ihr kein Mitleid mit mir in meiner Verdammnis?

22. Januar

Es ist Nacht. Ich könnte in meinem Bett liegen und schlafen, es wäre nötig. Aber zuerst werde ich schreiben.

Heute ging ich weit über den Sand, in den Klauen eines bitteren Winds. Der Wind war fest entschlossen, mich zum Umdrehen und zur Rückkehr nach Hause zu bewegen, und ich war ebenso entschlossen, weiterzugehen. Ich ging weiter.

Es gibt im Herbst eine bestimmte Art von Wind: Wenn man in ihm geht, steigt der Mut bis zur Ekstase. Wenn man hingegen im Januar im bitteren Wind geht, kann das fast jeden Effekt haben.

Heute fegte der bittere Wind über mich hinweg und um mich herum und in die fernsten Ecken meines Gehirns und fegte die falschen Vorstellungen davon, und beutelte meine Philosophie mit rauer Unleidlichkeit.

Die Welt besteht hauptsächlich aus nichts. Davon kannst du

dich überzeugen, wenn ein bitterer Wind deine falschen Vorstellungen davongefegt hat.

Was ist der Wind?

Nichts.

Was ist der Himmel?

Nichts.

Was wissen wir?

Nichts.

Was ist Ruhm?

Nichts.

Was ist mein Herz?

Nichts.

Was ist meine Seele?

Nichts.

Was sind wir?

Wir sind nichts.

Wir denken, dass wir in den Künsten und Wissenschaften
wunderbare Fortschritte machen, so wie auf ein Jahrhundert das
nächste folgt. Was kommt dabei heraus? All das lehrt uns nichts
über das Warum. Wir können nicht aufhören, uns zu fragen,
was wir hier machen, wohin wir gehen. Niemand lehrt uns, warum das Grün im Frühling in die alten, alten Hügel wiederkehrt;
warum die gute Balsampappel nach dem Regen nass und süß
glänzt; warum das Rot zuverlässig am Hals des Rotkehlchens erscheint, das Schwarz an der Krähe, das Grau am kleinen Zaun-
könig; warum der Sand und die Ödnis sich um uns herum aus-
dehnen; warum die Wolken hoch über uns schweben; warum
der Mond am Himmel steht, Nacht für Nacht; warum die Berge
und Täler weiterleben, während die Jahre vergehen.

Die Künste und Wissenschaften kommen immer weiter vor-
an – und wir wundern uns. Wir haben noch nicht aufgehört zu
weinen. Und wir leiden 1901 noch genauso, wie sie 1801 litten
und auch schon 801.

Heute essen wir unsere guten Mahlzeiten mit Gabeln.

Vor tausend Jahren hatten sie keine Gabeln.

Doch obwohl wir Gabeln haben, sind wir nicht glücklich. Wir schreien und treten und winden uns und weinen genauso wie vor tausend Jahren – als sie keine Gabeln hatten.

»Seit Omar einschlief«,[3] sind wir nicht weiser geworden.

Und mitten in unserem großen Wundern wundern wir uns, warum manchen von uns gegeben ist, ohne Nachfragen zu glauben, während wir anderen uns fragend die Eingeweide ausfressen.

Einmal ging ich im Sommer einen kleinen Sumpf entlang, in dem Minze und Weißdorn wuchsen. Die Minze und der Weißdorn besitzen einen lebhaften, selten köstlichen Duft. Riechst du ihn, möchtest du auf dem Boden herumkriechen – und denkst, du könntest all deine Tage im Staub herumkriechen, und es wäre gut. Der Duft bleibt noch Jahre danach bei dir. Du kannst jeden Tag deines Lebens schreien und treten und dich winden und dein Herz ausweinen, aber sobald du dich beruhigst, kommt der Duft eines Sumpfs voller Minze und Weißdorn zu dir zurück.

Er ist zum Schmelzen schön.

Was bedeutet er?

Was will er sagen?

Warum friert der Sumpf samt Minze und Weißdorn im Herbst zu? Und warum kommen sie wieder, stoßen verführerisch durch die Erde in den feuchten Frühlingstagen – um die Seelen der armen Wesen zu plagen, die schauen und sich fragen?

– Teufel, du bist unübertrefflich! Du hast ein großartiges Werk geschaffen. Ich knie dir zu Füßen und verehre dich. Du hast eine Perfektion geschaffen, einen Gipfel feiner, unsichtbarer Verdammnis. –

Die Welt ist wie ein kleiner Sumpf, mit Minze und Weißdorn gefüllt. Sie ist mit noch anderen verdammt schönen Dingen gefüllt. Da gibt es die grünen, grünen Grashalme und die Morgendämmerung; es gibt die schnell dahinfließenden Flüsse und das

Rufen tieffliegender Wildgänse; es gibt Menschenstimmen und Menschenaugen; es gibt Geschichten von Frauen und Männern, die gelernt haben, aufzugeben und zu warten; es gibt die Gedichte von James Whitcomb Riley; es gibt Großzügigkeit; es gibt Wahrheit.

Der Teufel hat das alles geschaffen, und er hat auch Menschen geschaffen, die fühlen.

Wer war es noch, der vor langer Zeit sagte: »Das Leben ist immer eine Tragödie für die Fühlenden«?[4]

In Wirklichkeit hat der Teufel eine Stätte unendlicher Folter geschaffen – die liebliche grüne Erde, die Welt.

Aber er hat auch jenes andere Unendliche geschaffen – das Glück. Ich vergebe ihm dafür, dass er mir dieses Wundern auferlegt, da er mir möglicherweise Glück bringen wird. Ich werfe mich zu seinen Füßen. Ich verehre ihn.

Das erste Drittel unseres Lebens verbringen wir in der Erwartung des Glücks. Dann kommt es, vielleicht, und bleibt für zehn Jahre, oder für einen Monat, oder drei Tage, und der Rest unseres Lebens wird in Ruhe und Frieden verbracht – mit der Erinnerung an das Glück.

Glück – wiewohl unendlich – ist eine flüchtige Empfindung.

Es ist zu brillant, zu herrlich, zu überwältigend, um von Dauer zu sein. Und es ist bloß eine Empfindung. Aber ach – *was* für eine Empfindung! Durch sie regiert der Teufel seine Ländereien. Was würde man nicht tun, um es zu haben!

Ich kann mir keine sogenannte Übeltat vorstellen, bei der ich Skrupel hätte, wenn ich glücklich sein könnte. Alles ist gerechtfertigt, wenn es mir Glück schenkt. Der Teufel hat mir ein paar große Gefälligkeiten erwiesen: Er erschuf mich ohne Gewissen und ohne Tugend.

Und dafür danke ich dir, Teufel, zutiefst.

Wenigstens kann ich mir mein Glück nehmen, wenn es kommt – auch wenn die Haufen feiner Unterschiede zwischen ihm und mir die Dimensionen einer Bergkette haben.

Aber in der Zwischenzeit, sage ich, sind die Welt und die Menschen nichts, nichts, nichts. Die herrlichen Schlösser, die starken Brücken, die wir bauen, bedeuten wenig. Wir können nur die breite Straße hinunterschlendern und uns wundern, weinend, ohne einen Ort, wo wir unser Haupt hinlegen.[5]

23. Januar

Ich habe mein Abendessen beendet.

Unter anderem habe ich ein feines, blutiges Porterhouse-Steak aus Omaha gegessen sowie einige frische, grüne Frühlingszwiebeln aus Kalifornien. Jetzt bin ich eine Philosophin, rein und schlicht – nur ist in meiner Philosophie wenig Schlichtes, und rein ist daran schon gar nichts.

Mag der Teufel kommen und gehen; mögen die wilden Wasser mich überspülen; mögen Nationen aufsteigen und fallen; mögen sich meine Lieblingstheorien plötzlich in Reih und Glied aufstellen und in den Boden versickern; mag die kleine Erde, von einem Glauben zum anderen geschupft, in Klatschblätter eingewickelt werden; dennoch, sage ich aus meiner jungen peripatetischen Philosophie heraus, brauche ich nicht ganz und gar zu verzweifeln – die Welt ist noch ein reizvoller Ort, solange ich nur mein feines, blutiges Porterhouse-Steak aus Omaha habe – und meine frischen grünen Frühlingszwiebeln aus Kalifornien.

Der Ruhm mag über meinen Kopf hinwegziehen; das Geld mag mir ausgehen; meine eine Freundin mag mich betrügen; die Hoffnung mag die Zelte abbrechen und sich davonstehlen; Glück mag sich als Buch mit sieben Siegeln erweisen; jegliche menschliche Bindung mag mir verlorengehen; ich mag mich als Ausgestoßene der Gesellschaft wiederfinden; alles Gute, das mir angeboten wurde, mag plötzlich zurückgezogen werden; die Sterne mögen einer nach dem anderen erlöschen, die Sonne sich verdunkeln; und doch werde ich mein Haupt aufrecht halten, wenn ich bloß mein Steak habe – und meine Zwiebeln.

Sollte ich aus vielen verzauberten Kreisen hinausgedrängt werden; sollte ich die moralische Welt zu klein für mich finden; sollte mich die soziale Welt ebenfalls ausschließen, die Berufswelt mich verkennen, gleichfalls die Welten der Künste und der Wissenschaften; sollte ich mich in literarischen Spukhäusern überflüssig fühlen; sollte ich sogar schon freiwillig den Weg zurück in den niederen Staub suchen, dem ich entsprang – um wie der melancholische Jacques[6] in einem grünen Wald zu leben; dann werde ich mit aller Spritzigkeit, die ich dann aufbringen kann, »lebt wohl« rufen, wenn ich nur mein Steak habe – und meine Zwiebeln.

Möglicherweise werde ich alt und gebrechlich; mein Haar wird grau; meine Knochen mag Rheuma befallen, ich in den Knien schwach werden; in meinen Fesseln, die so manche peripatetische Reise überstanden haben, mag sich Wasser ansammeln; mein Herz mag hier und da einen Schlag versäumen, meine Lungen beginnen, den Kampf mit winterlichen Böen zu scheuen; meine Augen mögen den Dienst aufgeben; meine Figur, jetzt von schlanker Grazie, mag in Fleischschichten verschwinden, oder, noch schlimmer, verschrumpeln und verfaulen, die Schultern zu einem Buckel einsinken; mein rotes Blut mag nur mehr träge fließen; aber sofern ich noch Zähne habe, um zu essen, was brauche ich mich zu beklagen, wenn ich bloß mein Steak – und meine Zwiebeln habe?

Ich bin unbekannt; ich bin morbide; ich bin unglücklich; mein Leben besteht aus nichts; ich will alles und habe nichts; ich wurde »verführt vom Wachstum grüner Wesen«,[7] und ich lernte auch das Gefühl kennen, dass etwas an ihnen sich mir entzieht; ich habe die tödliche Müdigkeit gespürt, das Erbteil eines jeden Menschen; aber mit alledem hat mir der Teufel eine eigene Philosophie geschenkt – der Teufel hat es mir ermöglicht, wenn es sein muss, die Welt als profitablen Verlust abzuschreiben, sofern ich im Tausch gegen sie ein feines Porterhouse-Steak – und ein paar grüne Frühlingszwiebeln bekomme.

Und dafür danke ich dir, Teufel, zutiefst.

Wer sagt, dass der Teufel nicht dein Freund ist? Wer sagt, dass der Teufel nicht an das universell gütige Gesetz der Kompensation glaubt?

Und so ist es, siehst du – alles schaut anders aus nach einem befriedigenden Abendessen, die Farbe der Welt ändert sich, das Leben selbst löst sich in zwei Dinge auf: ein feines blutiges Porterhouse-Steak aus Omaha und ein paar frische grüne Frühlingszwiebeln aus Kalifornien.

24. Januar

Ich bin bezaubernd originell. Ich bin herrlich erfrischend. Ich bin eine schockierende *Bohémienne*. Ich kann mich auf eine goldige Weise interessant geben – während ich in meinen Ärmel hineinlächle – und bin ein Bösewicht. Ich kann ein Zimmer voller Langweiler unterhalten und ihr Interesse, ihre Bewunderung und ihr Erstaunen auf mich ziehen. Ich tue das manchmal zu meiner eigenen Unterhaltung. Wie gesagt, ich habe nicht sonderlich außergewöhnliche Züge, ich bin als Genie diskret, habe aber eine anmutige Persönlichkeit. Meine Figur ist hübsch. Ich bin gut ausgestattet. Und wenn es mir beliebt, auf meine charmante, originelle Art zu sprechen, wenn ich meine Unterhaltung mit vielen drolligen Lügen spicke, habe ich eine bestimmte, sehr auffallende Art, ein »Auftreten«.

– Wenn man nichts hat, ist es gut, sich ein Auftreten zuzulegen. –

Und ein Auftreten, zusammen mit meiner charmanten Originalität, meiner entzückend erfrischenden Offenherzigkeit, ist eine wirkungsvolle und in seiner Art frappierende Sache.

Jedoch strenge ich mich selten auf diese Weise an, zum Teil, weil ich manchmal vorausahne, dass meine Bemühungen aufgrund des Charakters der Gäste nicht den erwünschten Effekt haben werden – denn ich bin ein Genie, und wenn man ein Genie von Nahem erlebt, gerät es manchmal unbewusst an den Punkt, an dem es so interessant wird, dass es entsetzlich wird; dann kann es nicht weitergehen, ohne fast schon desaströs zu wirken; und andererseits kommen die Gesichtsausdrücke von zehn oder zwölf Leuten hinzu, die mehr oder weniger der Gattung Idiot zuzurechnen sind – selbst das ermüdet.

Immer rede ich bei solchen Anlässen von mir selbst. Meine Konversation hat eigentlich immer direkt oder indirekt mich selbst zum Thema.

Wenn ich über Moral spreche, spreche ich insofern darüber, als sie mit Mary MacLane zu tun hat.

Wenn ich meine weltoffene Meinung über Ninon de l'Enclos kundtue, weise ich ihre Stellung in Bezug auf Mary MacLane nach!

Wenn ich freimütig über die Frage ehelicher Verhältnisse spreche, spreche ich nur über die Aspekte, die Mary MacLane betreffen werden.

Eine interessante Kreatur, diese Mary MacLane.

– Eigentlich ist es bei jedem so, aber die meisten sind weit davon entfernt, es zu begreifen und anzuerkennen. –

Und mir mangelte es bislang nicht an Zuhörern, auch wenn mich diese Leute nicht zu schätzen wissen. Sie begreifen nicht, dass ich ein Genie bin.

Ich bin aus dem Geschlecht der Frauen und neunzehn Jahre alt. Ich kann beiseitestehen und so kritisch wie unparteiisch mich und mein Verhältnis zur Umwelt betrachten, zur Welt und allem, was die Welt enthält. Ich bin in der Lage zu beurteilen, ob ich gut oder böse bin. Ich kann tatsächlich beurteilen, was ich bin und wo ich stehe. Ich kann sehr, sehr weit in mich hineinsehen. Ich bin ein Genie.

Charlotte Brontë tat das bis zu einem gewissen Grad, und sie war ein Genie; auch Marie Bashkirtseff und Olive Schreiner und George Eliot. Sie sind alle Genies.

Also bin ich ein Genie – ein Genie ganz eigener Art.

Ich bin von Grund auf und ganz organisch eine Egoistin. Meine Eitelkeit und Selbstbezogenheit haben sich wahrhaft bemerkenswert entwickelt, während ich in der Einsamkeit des Sands und der Wüste wanderte und wanderte.

Nicht der geringste Teil davon ist, dass ich meinen Egoismus und meine Eitelkeit durch und durch kenne – ich kenne sie gründlich und brüste mich damit.

Das sind die Erkennungszeichen eines Genies – und auch die eines Narren. Eine feine Linie nur unterscheidet ein Genie von einem Dummkopf. Oft wird diese Linie überschritten und dein Narr wird ein Genie, oder dein Genie wird ein Narr.

Es ist nur ein winziger Schritt.

Es liegt nur ein winziger Schritt zwischen dem Großen und dem Kleinen, dem Zärtlichen und dem Verächtlichen, dem Erhabenen und dem Lächerlichen, dem Aggressiven und dem Demütigen, dem Paradies und dem Verderben.

Und so ist es mit dem Genie und dem Narren.

Ich bin ein Genie.

– Ich bin nicht geneigt zu verraten, wie oft ich die fein gezogene Linie übertreten werde oder wie oft ich sie schon übertreten habe. Es ist von geringer Bedeutung. –

Ich bin in gewisse Dinge wunderbar tief eingedrungen. Ich weiß Sachen, ich weiß, dass ich sie weiß, und ich weiß, dass ich weiß, dass ich sie weiß. Was ein subtiler psychologischer Unterscheidungspunkt ist.

Es ist prächtig von mir, dass ich so weit gekommen bin, mit neunzehn Jahren, ohne den geringsten Unterricht außer dem des Sands und der Ödnis. Prächtig – hört ihr?

Oft nehme ich diese Tatsache in die Hand und zerdrücke sie wie eine Orange, um an ihren süßen, süßen Saft zu gelangen. Ich presse täglich eine ganze Menge Saft heraus, und täglich erneuert sich der Saft, wie die Eingeweide des Prometheus. Und so drücke und drücke ich, trinke den Saft und versuche, zufrieden zu sein.

Ja, ihr könnt lange und mit Neugier auf das Porträt am Anfang dieses Buchs starren. Es ist das Porträt eines Genies in Egoismus und Analyse, ein Genie, das die Ankunft des Teufels erwartet, – ein Genie, das eine wundersame Leber in sich trägt.

Ich werde euch, bevor ich zum Schluss komme, denke ich, noch mehr von dieser Leber erzählen.

25. Januar

Ich erinnere mich an eine Zeit, die lange her ist, ach, sehr lange her. Es ist die Zeit, als ich ein Kind war. Es ist zehn oder zwölf Jahre her.

Oder ist es tausend Jahre her?

Wenn du dich gerade von einem Freund getrennt hast, erscheint er dir am fernsten. Wenn ich noch ein paar Jahre gelebt habe, wird mir die Zeit, in der ich ein Kind war, nicht mehr so weit zurückzuliegen scheinen.

Jetzt gerade ist sie fürchterlich weit weg. Sie ist so weit weg, dass ich sie in klaren Konturen am Horizont erkenne.

Sie ist immer da, ich kann jederzeit hinschauen. Und wenn ich hinschaue, fühle ich die Tränen in mir – ein Salzmeer von Tränen, das wütet und rollt und anschwillt, bitterlich, in einem stumpfen, wahnsinnigen Schmerz, und nie an die Oberfläche kommt.

Ich weiß nicht, welches erbärmlicher ist in seiner merkwürdigen Verfluchtheit: ich als Kind oder ich als erwachsene Frau, jung und ganz alleine. Ich wäge die Frage gleichmütig und logisch ab, aber meine Logik zittert vor Wut und Trauer und Unglück.

Als ich ein Kind war, lebte ich in Kanada und in Minnesota. Ich war eine kleine Wilde. In Minnesota gab es Sümpfe, in denen ich im Frühling meine Füße nässte, und es gab Felder von hohem Gras, wo ich in Gesellschaft von Eidechsen und kleinen Nattern auf dem Bauch lag. Es gab Pappelblätter, deren blassgrüne Rückseiten sich an heißen Nachmittagen umwendeten, und bald würde es schreckliches Donner und Blitz und Regen geben. Und es gab Rotkehlchen, die im Morgengrauen sangen. – Solche Dinge bleiben ewig in einem. – Und es gab Kinder, mit denen ich spielte und kämpfte.

Ich war sonnengebräunt und sah ungepflegt aus. Mein Gesicht war sehr schmutzig. Das ursprüngliche Muster meines Kleids verlor sich in Schichten und Panoramen der heimatlichen Erde. Mein Haar war in Zöpfe geflochten oder wehte als verfilztes Durcheinander im Wind, je nachdem, ob mich jemand erwischt hatte, um mich für den Tag zu schrubben und herzurichten, oder nicht. Meine Hände waren klein und stark und braun, und sie machten viel Unfug. Ich kam und ging, wie es mir beliebte. Ich aß, was ich wollte; ich ging schlafen, wann ich es für gut befand; ich lief, wohin mich meine eigensinnigen kleinen Füße trugen. Ich war frech; ich gab Widerworte; ich war äußerst cholerisch; ich war hartherzig; ich war voll kindlicher Gemeinheit.

Wahrlich war ich ein bösartiges kleines Tier.

Ich war ein kleines Stück ungestalteter Natur.

Und ich kann nicht beurteilen, welches auf die grausamste Art verloren ist: das Kind mit dem hungrigen Herzen oder die Frau, die jung ist und völlig allein.

Das kleine, wilde, trotzige Kind fühlte etwas und wollte etwas. Es wusste nicht, dass es etwas fühlte und etwas wollte.

Jetzt fühle ich und will ich Dinge, und mir ist es mit brennender Deutlichkeit bewusst.

Die kleine, bösartige Mary MacLane litt, aber sie wusste nicht, dass sie litt. Das machte das Leiden allerdings nicht geringer.

Und sie streckte ihre kleine, sonnenverbrannte Hand aus, um etwas zu berühren und zu nehmen.

Aber die kleine, sonnenverbrannte Hand blieb leer. Nichts zu machen. Niemand hatte etwas zum Hineintun.

Das kleine wilde Wesen wollte geliebt werden; sie wollte etwas in ihr hungriges kleines Herz hineintun.

Aber niemand hatte etwas, das man in ein hungriges kleines Herz hineinlegen könnte.

Niemand sagte »Liebes«.

Das kleine, bösartige Kind war die einzige MacLane und fühlte sich einigermaßen allein. Aber immerhin gab es die Eidechsen und die kleinen Nattern.

Das elende, verhärtete kleine Stück unerzogene Natur ist großgeworden und hat sich zu einer Frau entwickelt, die jung ist und allein. Für das Kind gab es ein Nichts, und für die Frau gibt es ein großes Nichts.

Vielleicht wird mir der Teufel in meinem einsamen Frauendasein etwas bringen, das ich in mein hölzernes Herz legen kann.

Aber die Zeit, als ich ein Kind war, kommt nie wieder. Sie ist weg – vorbei. Ich werde vielleicht noch einige lange, lange Jahre leben, aber nichts Vergleichbares wird jemals wiederkommen. Denn es gibt nichts Vergleichbares.

Es ist ein Leben für sich. Es hat nichts zu tun mit Philosophie, mit Genie, mit Höhen und Tiefen, mit dem roten Himmel des Abends oder mit dem Teufel.

All das kommt später.

Die Kinderzeit ist eine Sache für sich. Sie ist die Zeit des Säens und des Einsetzens. Sie ist der Anfang aller Dinge. Sie entscheidet, ob Helligkeit oder Bitterkeit herrschen soll in den langen Jahren danach.

Ich habe diese Zeit weit genug hinter mir gelassen. Sie kommt nie wieder. Und in ihr war *nichts* – hört ihr, *nichts*! Ach, das Erbärmliche daran! Das Erbärmliche –

Wisst ihr, warum ich an den Horizont zurückblicke auf die Figur eines ungekämmten, raubeinigen Kindes? Und warum ich spüre, wie ein Strom von Tränen und Qualen in mir aufsteigt?

Ich fühle noch viel mehr als das, aber ich habe keine Worte, um es zu erklären.

Ewig werden mir ein paar schöne, wunderbare Dinge fehlen wegen dieser elenden, einsamen Kindheit.

Es wird immer einen Mangel geben, ein Fehlen – ein paar tote Äste, aus denen nie ein Blatt spross.

Es sind nicht die Tode und Morde und Komplotte und Kriege, die das Leben zur Tragödie machen.

Es ist das Nichts, das das Leben zur Tragödie macht.

Tag für Tag, Jahr für Jahr, immer wieder nichts.

Es ist eine kleine, sonnenverbrannte Hand, die sich ausstreckt und – nichts bekommt.

26. Januar

Ich sitze an meinem Fenster und schaue hinaus auf die Dächer und Schornsteine von Butte. Ich schaue hinaus und habe ein müdes, angeekeltes Gefühl.

Menschen sind ekelhafte Geschöpfe.

Unter jedem dieser Dächer wohnen ein Mann und eine Frau, zusammengebunden durch diesen sehr dünnen Faden – das Eheritual –, samt ihren Kindern, dem Ergebnis des Eherituals.

Wie viele von ihnen lieben einander? Garantiert nicht einmal zwei von hundert. Das Eheritual ist der einzige, miserable, mickrige Grund, aus dem sie zusammenleben.

Das Eheritual, so scheint es, dient oft als Deckmantel für eine Welt recht beschämender Angelegenheiten.

Wie tugendhaft diese Leute sind, nicht wahr, unter ihren Pfettendächern. So tugendhaft sind sie, dass sie sich im Stolz auf ihre eigene Reinheit aufrichten können, wenn sie einmal in einen Winkel dringen, wo das Eheritual fehlt. So tugendhaft sind sie, dass die Männer es sich leisten können, aus dem Elend jener Ecken, in denen das Eheritual fehlt, Vergnügen und Ablenkung zu ziehen; und die Frauen können schockiert ihre Röcke beiseiteziehen und sich darüber wundern, dass solche Dinge sein können, angesichts ihrer eigenen makellosen Tugend.

Und so leben sie weiter unter ihren Dächern, essen und arbeiten und schlafen und sterben, und die Kinder werden groß und suchen sich andere Dächer und berufen sich auf das Eheritual wie ihre Eltern vor ihnen – und dann essen, arbeiten, schlafen und sterben auch sie; und so weiter, Welt ohne Ende.

Auch das ist Leben – das Leben der guten, tugendhaften Christen.

Ich denke daher, dass ich ein anderes Leben bevorzugen würde, das nicht tugendhaft ist.

Ich werde mich nie des Eherituals bedienen. – Ich melde hiermit einen diesbezüglichen Schwur an, Teufel.

Wenn ein Mann und eine Frau einander lieben, reicht das völlig aus. Das ist Ehe. Ein religiöses Ritual ist überflüssig. Und wenn der Mann und die Frau lieblos zusammenleben, kann kein religiöses Ritual der Welt das in eine Ehe verwandeln. Die Frau, die so etwas macht, braucht sich keinen Hauch besser zu fühlen als ihre niedrigste Schwester auf der Straße. Steht sie nicht vielmehr ein Stück niedriger, da sie etwas vorspielt, was nicht wahr ist – die tugendhafte Frau? Während die Gefallene nichts vorgibt. Sie trägt ihren Namen auf dem Ärmel.

Wenn ich mich dafür entscheiden müsste, als eine der beiden zu leben, wäre ich lieber die, die ihren Namen auf dem Ärmel trägt. Ohne zu zögern. Immer das geringere Übel.

Ich kann mir nichts auf der Welt denken, das der äußersten Kleinmütigkeit, der Schäbigkeit, der Verächtlichkeit, der Erniedrigung jener Frau gleichkäme, die unter einem gemeinsamen Dach an einen Mann gebunden ist, der ihr eigentlich nichts bedeutet; die den Namen dieses Mannes trägt, die Kinder des Mannes austrägt – die die tugendhafte Frau spielt. Es gibt davon in der Welt gerade viel zu viele.

Möge ich niemals, sage ich, jenes abartige, gnadenlose Tier werden, jene missgebildete Monstrosität – eine tugendhafte Frau.

Alles, Teufel, nur das nicht.

Und daher habe ich, wenn ich über die Dächer und Schornsteine blicke, ein müdes, angeekeltes Gefühl.

Das hier ist kein Tagebuch. Es ist eine Schilderung. Sie zeigt
mein inneres Leben in seiner ganzen Nacktheit. Ich bemühe
mich aufs Äußerste, alles darzulegen – jede kleinliche Eitelkeit
und Schwäche zu enthüllen, jede Phase des Gefühls, jedes Begehren. Es ist eine bemerkenswert schwierige Sache, finde ich,
meine Seele bis in die Tiefen zu erkunden, ihre Schatten und
Zwielichtigkeiten ans Licht zu bringen.

Nicht, dass mich Scham oder Bescheidenheit plagten. Warum sollte man sich wegen irgendetwas schämen?

Aber es gibt Elemente in der eigenen Gedankenwelt, die so
vage sind, so undurchsichtig, so undeutlich – wie soll man sie erfassen? Ich habe analysiert und analysiert, und ich bin zu einigen durchaus sehr feinen Punkten vorgestoßen – und doch gibt
es am Horizont meiner Selbst noch Dinge, die mein Verständnis
übersteigen.

Gefühle steigen auf und branden überwältigend über mich
hin. Ich stehe ihnen hilflos, zerdrückt, besiegt gegenüber. Es ist,
als wären sie in einer unbekannten Sprache an die Wände meiner Seelenkammer geschrieben.

Meine Seele geht blind umher, suchend, suchend, fragend.
Nichts antwortet. Ich rufe nach irgendeiner unbekannten Sache,
mit der ganzen Kraft meines Wesens; jeder Nerv, jede Faser in
meinem jungen Frauenkörper, meiner jungen Frauenseele
streckt sich danach aus, spannt sich in quälender Unruhe danach
hin. Wenn ich manchmal über meinen Sand und meine Ödnis
eile, gipfeln die unterschiedlichen Leidenschaften meines Lebens in haltloser, rasender Trauer. Wellen intensiver, hoffnungsloser Sehnsucht überschwemmen mich, umfangen mich von
allen Seiten. Mein Herz, meine Seele, meine Gedanken wandern

und wandern; sie pflügen durch Dunkelheit, in die nirgends ein Lichtstrahl dringt; tasten mit hilflosen Händen; fragen, sehnen sich, wünschen: getrieben von einem Dämon der Unruhe.

Ich werde verrückt – ich werde verrückt, sage ich mir immer und immer wieder.

Aber nein. Niemand wird verrückt. Der Teufel entlässt niemanden aus so einer wunderschön geschmiedeten, ja kunstvollen Verdammnis. Er sieht zu, dass unsere Sinne intakt bleiben, voll funktionsfähig, und befestigt mit Stahlketten an ihnen die Dämonen der Unruhe.

Es tut weh, – oh, es foltert mich, Tage über Tage lang! Aber wenn mir der Teufel endlich mein Glück bringt, werde ich ihm all das verzeihen.

Wenn mein Glück kommt, so wird die Unruhe noch in mir sein, daran habe ich keinen Zweifel, aber das Glück wird ihren Grundton verändern, es wird sie zum Instrument der Freude machen, wird sie an der Hand nehmen und sich mit ihr vermengen, – während ich, mit meinem hölzernen Herzen, meinem Frauenkörper, meinem Gehirn, meiner Seele, in Ekstase sein werde. Mich wird eine so tiefe Freude erfüllen und zugleich ein so tiefer Schmerz, dass der feinste Nerv meines Wesens im Rausch torkeln und taumeln wird, trunken von der Fülle des Lebens.

Wenn mir mein Glück herausgegeben wird, werde ich in wenigen Stunden Jahrhunderte durchleben. Und wir werden schnell alt werden, – ich und mein hölzernes Herz und mein Frauenkörper und mein Gehirn und meine Seele. Trauer mag einen in einem gewissen Grad altern lassen. Aber Glück – echtes Glück – lässt in einem einzigen Augenblick Jahre ohne Zahl von den Fingerspitzen perlen, und jedes Jahr hinterlässt seinen Eindruck.

Es ist wahr, dass das Leben den Fühlenden eine Tragödie ist. Wenn mir mein Glück herausgegeben wird, so wird das Leben unfassbar und namenlos sein.

Es wird schäumen und dröhnen; es wird stürzen und wirbeln; es wird springen und in irren Krämpfen kreischen; es wird zittern, bewegt von zarten Fantasien; es wird sich winden und eindrehen; es wird glitzern und blitzen und leuchten; es wird leise singen; es wird rufen in köstlicher Aufregung; es wird bis in die Wurzeln hinein vibrieren wie eine riesige Eiche im Sturm; es wird tanzen; es wird schlittern; es wird galoppieren; es wird eilen; es wird anschwellen und dahinfluten; es wird fliegen; es wird hoch in die Lüfte gleiten – hoch; es wird in nie erkundete Tiefen hinabsteigen; es wird wüten und schwärmen; es wird krähen vor schierem Glück; es wird schmelzen; es wird auflodern; es wird triumphieren; es wird sich im Staub vollkommener Wollust wälzen; es wird klingen wie eine schwellende Mauer von Trompeten; es wird fast unhörbar läuten, fern, blass wie die hellen Noten einer Harfe; es wird schluchzen und trauern und weinen; es wird feiernd umherziehen; es wird scheu weichen; es wird stolz davongehen; es wird wie tot liegen; es wird in der Luft schweben, gehoben, getragen; es wird stöhnen, erschauern, explodieren, – oh, es wird strotzen vor Liebe und Licht!

Die Worte der englischen Sprache sind unnütz. Es gibt darin keine Worte, und auch in keiner anderen Sprache, die eine Idee dessen vermitteln, was mein Leben in diesem Glück wäre.

Die Worte, die ich geschrieben habe, drücken es aus, freilich – aber wirr, nicht angemessen.

Aber Worte sind für den Alltag.

Wenn ich an die Reihe komme, der unaussprechlichen Vision des glücklichen Lebens von Angesicht zu Angesicht gegenüberzustehen, werde ich der Sprache verlustig gehen.

Aber die Regen meines Gefühls werden in Strömen fließen!

Ich bin eine Künstlerin vom allerkünstlerischsten, vom höchsten Typus. Ich habe für mich jene Kunst entdeckt, die unbemerkt in obskuren Ecken schlummert. Ich habe die Kunst eines Tages der kleinen Dinge entdeckt.

Das nun ist sicherlich Kunst nach allen Regeln der Kunst.

Ich habe mir die Kunst angeeignet, gut zu essen. Normalerweise entwickeln Menschen diese Kunst im ergrauenden Alter von vierzig oder fünfzig Jahren – wenn überhaupt; es ist wahrlich eine seltene Kunst.

Aber ich kenne sie in all ihrer seltenen Köstlichkeit im jungen schlanken Alter von neunzehn. Noch ein Zeichen meines Genies, sehen Sie?

Die Kunst, gut zu essen, umfasst zwei wichtige Punkte: Man darf nur essen, wenn man Hunger hat, und man muss kleine Bissen zu sich nehmen.

Es gibt Menschen, die um des Essens willen essen. Sie sind Gourmands und gleichen den Schweinen und Geiern. Es gibt Menschen, die Bissen zu sich nehmen, die nicht klein sind. Auch das sind Gourmands, die Schweinen und Geiern gleichen. Es gibt Menschen, die Essen nur genießen können, wenn es als luxuriöses, gut ausgestattetes Mahl daherkommt. Die, kann man getrost sagen, haben sich die Kunst von gar nichts erworben.

Aber ich – ich habe die Kunst erworben, eine Olive zu essen.

Nun hört zu, und ich erkläre euch die Kunst, eine Olive zu essen.

Ich nehme die Olive in meine Finger, und ich betrachte ihre grüne, ovale Reichhaltigkeit. Sie erinnert mich sofort an das Land, wo die grüne Zitrone wächst – dessen Embleme die Zypresse und die Myrte sind; das Land der Sonne, in dem die Menschen herrlich, bezaubernd böse sind – dessen Männer leidenschaftlich und voller Eifer sind, und dessen Frauen sich geistig und körperlich graziös entwickeln –, während ihre Brüste rund

und voll und feingeädert unter prächtigen Gewändern durchscheinen.

Der bloße Anblick der Olive beschwört dieses charmante Bild in meinem Denken herauf.

Ich setze meine Zähne und meine Zunge auf die Olive und beiße hinein. Sie ist bitter, salzig, köstlich. Der Speichel eilt ihr entgegen, und meine Zunge ist eine glückliche Zunge. Während das Stückchen Olive in meinem Mund ruht und zwischen meinen Zähnen geknackt und wollüstig zerdrückt wird, findet eine rasche, vorübergehende Veränderung in meinem Charakter statt. Ich denke an ein paar liebenswürdige Zeilen des persischen Dichters:

> Gib dich der Freude hin, denn deine Reue wird
> unendlich sein.
> Die Sterne werden sich wiedertreffen
> am selben Punkt am Firmament
> Aber aus deinem Körper werden Ziegel gemacht
> für die Mauer eines Palastes.[8]

»O liebe, süße, bittere Olive«, sage ich zu mir selbst.

Das Olivenstückchen rutscht meinen roten Schlund hinunter und in meinen Magen. Dort wird es freudig begrüßt. Magensäfte springen aus den Wänden und umfangen es in liebender Umarmung. Mein Magen liebt Bitteres und Salziges. Er überschüttet die Olive verschwenderisch mit Schmeichelei und Liebe. Er lacht in stillem Vergnügen. Er fühlt, dass der lang ersehnte Tag gekommen ist. Die Philosophie meines Magens ist ganz und gar die von Epikur. Gibt man ihm nur ein winziges Stückchen Olive, schon kümmert ihn weder morgen noch gestern. Sinnlich lebt er im Jetzt. Er ist zufrieden. Er ist im Paradies.

Ich beiße noch einmal in die Olive. Wieder ist meine Zunge hingerissen von der bitteren Salzkruste. »Wenn das eitel ist, – mag es eitel sein.«[9] Die goldenen Augenblicke flattern vorüber, ich beachte sie nicht. Sitze ich nicht bequem und esse eine Olive? – Gehen Sie und erhängen Sie sich, wenn Sie noch nie bequem gesessen und eine Olive gegessen haben. – Mein Charakter verändert sich weiter. Jetzt bin ich auf rücksichtslose Sinnlichkeit aus, komme, was wolle. Die schöne Erde scheint sich jetzt in etwas Ovales, Knackiges, Gutes, Grünes, unwiderstehlich Salziges zu verwandeln. Ich erlebe ein Gefühl heißer Freude darüber, dass ich ein weibliches, lebendes Geschöpf bin und dass ich eine Zunge und ein paar Zähne habe und Speicheldrüsen.

Auch dieses Stück rutscht meinen roten Schlund hinunter, und wieder erhebt mein festlich gestimmter Magen eine lautlose Stimme zu Psalmen und Jubelgesang. Er ist nun eine absolute Monarchie mit der grünen Olive auf dem Thron. Die Küsse der Magensäfte werden heiß und sinnlich, zuckend, ekstatisch. »Hinfort, blasse Schattengeister der Dyspepsie!«, sagt mein Magen. »Ich kenne euch nicht. Ich bin eine leuchtende, strahlende Welt. Ich wohne in elysischen Feldern.«

Noch einmal beiße ich in die Olive. Wieder ist meine Zunge elektrifiziert. Und die dritte Phase meiner vorübergehenden Verwandlung findet statt. Ich bin nun eine derbe, aber im höchsten Grad zufriedene Genießerin. Eine exquisite Symphonie der Sinnlichkeit und Freude scheint irgendwo in mir zu spielen. Mein Herz schnurrt. Mein Gehirn faltet die Arme und macht es sich bequem. – Ich lege meine Füße auf einen zweiten Stuhl. – Die ganze Welt ist nun sicherlich eine einzige, köstliche, grüne Olive. Daher ist die grüne Olive Perfektion – die absolute Perfektion.

Ekel und Missbilligung werden nur von Unvollkommenem hervorgerufen. Wenn etwas perfekt ist, kann man nur es sehen, egal wie kritisch man es anstarrt – es, und nichts darüber hinaus.

Und so habe ich meine Olive und meine Kunst vollendet.

Nun, dieses dritte Olivenstückchen rutscht meine willige Gurgel hinunter, in meinen Magen. »Und dann füllt sich mein Herz mit Freude.«[10] Das Spiel der Magensäfte ist nun ein Wunder. Es ist der Punkt, wo sich die Wasser treffen! Wie gut, ach, wie gut wäre es, könnten die Herzen der Welt sich in Frieden miteinander vermengen, wie meine Magensäfte bei der Ankunft einer grünen Olive. »Paradies, Paradies!«, sagt mein Magen.

Jeder Tropfen Blut in meinen leidenschaftlichen Adern ruht. Durch meinen Magen – meinen *Magen*, hört ihr – scheint meine Seele die Unendlichkeit zu fühlen. Die Minuten fliegen dahin. Bald wird es vorbei sein. Aber jetzt gerade bin ich geborgen. Ich bin vollkommen zufrieden. Ich brauche nichts, nichts.

Meine innere Ruhe ist unendlich. Ich weiß, dass sie bloß vorübergehend ist, das ist nicht schlimm. Im Gegenteil, dieses Wissen macht die Gegenwart eben ruhig – die Ruhe grenzenloser, intensiver.

Wo ist nun, Teufel, deine Verdammnis? Wenn das hier Verdammnis ist, dann mag es Verdammnis sein! Wenn das der Fall des Menschen ist, wie gut ist es dann, gefallen zu sein! In diesem Moment wünschte ich, mein Fall wäre wie der deinige, Luzifer, »um nie wieder zu hoffen«[11].

Und so wird die Olive Bissen für Bissen Teil meines Körpers und meiner Seele. Jeder Bissen bringt mit sich eine wiederkehrende Welle von Sinnesdaten und Zauber.

Nein. Wir werden nicht zu diskutieren anfangen mit dem brillanten Kopf, der das Leben zu einer Tragödie für jeden Fühlenden erklärte. Wir lassen das so stehen. Jedoch gibt es Teile der Tragödie, die nicht tragisch sind. Es gibt Teile, die einem erlauben, sich kurz abzuwenden.

Die Jahre werden vergehen, eins nach dem anderen, und ich werde weiterhin essen. Und beim Essen werde ich meine Ruhe haben, meine kurze Frist der Abwendung.

Das ist die Kunst des Essens.

Ich habe sie mir angeeignet durch die Untersuchung meiner selbst, durch Analyse – Analyse – Analyse. Wahrlich, mein Genie ist analytisch. Es erlaubt mir, das Leben – wenn ich es auch als bitter empfinde – weiterhin zu ertragen.

Was wäre ich für ein elender Wurm, wären nicht diese Ausbrüche von Philosophie, diese Momente der Abwendung!

Wenn es dem Teufel gefällt, werde ich eines Tages glücklich sein. Das wird vollkommen ausreichen. Dann werde ich nicht mehr analysieren. Dann werde ich zu einem anderen Wesen werden.

Aber in der Zwischenzeit werde ich essen.

Wenn das letzte Stück der Olive in den Magen verschwindet, wenn es dort auf lebhafte Klänge reduziert ist, wenn meine Finger mit dem Olivenkern spielen, wenn ich mich in meinem Stuhl zurücklehne und mein Rückgrat ausstrecke, – oh, beneidest du mich dann nicht, du herrliche, stürmende Welt, die du keine Philosophin bist, die du die Kunst der kleinen Dinge nicht entdeckt hast, die du nicht den Harfenklang des Bewusstseins im Bauch spürst, die du nicht die Kunst beherrschst, gut zu essen!

29. Januar

Wenn ich hin und wieder das, was bis jetzt von meiner Schilderung entstanden ist, durchlese, wechseln sich Hoffnung und Entsetzen ab. Manchmal denke ich, es gelingt mir prächtig, – dann wieder erscheint das, was ich geschrieben habe, gegen das, was ich erlebte, oberflächlich und zahm. Wer kennt nicht die Nutzlosigkeit von Worten, wenn man Gefühle ausdrücken möchte?

Ich nehme diese Hoffnung und Verzweiflung als ein weiteres Anzeichen für Genie. Genies neigen, abgesehen von ihrer natürlichen Empfindsamkeit, zu unvernünftiger Freude und bitterster Morbidität.

Das Schreiben ist mir überaus lieb, obwohl es Stunden gibt, in denen ich so wenig schreiben kann, wie ich ein Bild malen oder Wagner so spielen könnte, wie er gespielt gehört.

Ich denke, mein Schreibstil hat eine wunderbare Intensität, die bewundernswürdig zu der Kreatur passt, die dargestellt werden soll. Was für ein Bild von mir würde ich produzieren, wenn ich in den langen, verwinkelten Sätzen eines Henry James daherkäme oder in der freundlich-damenhaften Phrasierung von Howells?[12] Es wäre wie ein kleiner Phonograph aus Blech, der in halsbrecherischem Tempo blumige Poesie ausspuckt, oder eine sonore Kirchenorgel, aus deren Tiefen in gravitätischer Stimmung die Melodie von »Goo-Goo Eyes« strömt.

Wenn ich ein Buch lese, studiere ich es sorgsam, um herauszufinden, ob der Autor *Sachen weiß* und ob ich zum selben Thema ein besseres schreiben könnte.

Meistens beantworte ich die Frage mit ja.

Eine Schriftstellerin, die mich bezaubert, ist Maria Louise Pool mit ihren Romanen über New England. Sie ist faszinierend, und sie *weiß Sachen*. Hätte sie vor 70 Jahren geschrieben, wäre sie jetzt sicher Standardlektüre. Was mir bei ihren Büchern auffällt, ist, dass ich, wenn ich sie lese, gar nicht besonders an die Figuren denke, die darin vorkommen, sondern an die Autorin, die zwischen den Zeilen erscheint. Und ich finde das ziemlich interessant. Ich habe viele halbe Stunden damit verbracht, über Maria Louise Pool nachzudenken und Vermutungen anzustellen. Ich frage mich immer, was sie gerne isst und was sie an einem schönen Samstagnachmittag macht, wenn sie keine Verpflichtungen hat, und was für Kleider sie anzieht und ob sie in diesem gesetzten, grauhaarigen Alter so uninteressant sein kann wie die meisten Frauen. Ich hoffe, dass ich sie eines Tages einmal sehen werde.[13]

Das Höchste, was man in der Literatur erreichen kann, ist, das zu sagen, was man sagen wollte. Es gibt nichts Besseres als das – die Welt dazu zu zwingen, deine Gedanken so zu sehen, wie du sie siehst. Eugene Field und Edgar Allan Poe und R. Louis Stevenson und Charles Dickens, unter anderem, vermochten das. Sie geben der Welt einen Eindruck von ihrem Mut und ihrer Wirklichkeit.

Manche Menschen haben Bücher geschrieben, die die Welt

nicht auf diese Art beeindruckten, aber die dennoch aus dem Gefühl und aus der Fülle begeisterter Herzen kamen. Immer sehe ich dieses arme, kunstlose, altmodische kleine Ding *Jane Eyre* als ein Bild vor, einer Welt gezeigt, die es mit einem verzerrten Blick ansah. Charlotte Brontë meinte mit dem Buch etwas Bestimmtes, und die Welt verstand nach einer gewissen Zeit auf einmal etwas ganz anderes und überhäufte sie dafür mit Lob und Beifall. Als ich das Buch las, konnte ich nicht ganz begreifen, was genau die Botschaft war, die die Brontë in die Welt schicken wollte. Aber ich sah, *dass* es eine Botschaft gab – eine des Muts vielleicht oder jenes Guten, das Nazareth hervorbringen mag. Aber die Welt, die sie lobte und ihr Beifall und Geld spendete, scheint sie vollkommen verfehlt zu haben.

Es braucht Jahrhunderte von Tränen und Frömmigkeit und Trauer, um diese Welt auch nur ein klein wenig zu bewegen.

Aber dennoch gibt sie dir Lob und Beifall und Geld dafür, dass du deine Feinfühligkeit und Gefühle prostituierst – wenn du es tust.

Ich habe keine Botschaft, die ich in einem Buch verstecken und in die Welt schicken will. Ich schreibe eine Darstellung.

Aber eine Darstellung kann auch missverstanden werden.

30. Januar

Ein müßiger Geist ist die Werkstatt des Teufels, sagt man. Es ist eine absurde, widersprüchliche Aussage. Wenn der Teufel in einem Geist herumwerkelt, ist dieser Geist bestimmt nicht müßig. Und wenn man sich überlegt, was für eine brillante Persönlichkeit der Teufel ist und was er für ausgezeichnete Arbeit leistet, erübrigt sich die Frage, ob er von der Mehrheit der müßigen Geister, die auf der Erde im Weg herumstehen, irgendeinen Nutzen hätte. Aber schließlich ist der Teufel so schlau, dass er sogar mit dem primitivsten Werkzeug unübertroffene handwerkliche Leistungen erbringen könnte.

Mein Geist ist eine Art Teufelswerkstatt, und sie ist so unaufhörlich beansprucht und immer beschäftigt, wie man es sich nur vorstellen kann.

Er ist in der Tat eine Teufelswerkstatt, nur ich bin es, die die Arbeit leistet. Aber es gibt eine geistige Telegraphie zwischen dem Teufel und mir, woraus sich die Tatsache erklärt, dass viele meiner Ideen so wunderbar gepflegt und parfümiert und gefärbt sind. Ich halte mir das gar nicht selber zugute, obwohl ich, wie gesagt, selbst die Arbeit leiste.

Ich versuche immer, der Arbeit des Teufels die gebührende Anerkennung zu zollen – ganz besonders in dieser Darstellung.

Es gibt in dieser verlogenen Welt sehr wenige, die dem Teufel die gebührende Anerkennung zollen.

Nie stelle ich mir den Teufel als diese fürchterliche Gestalt in roten Strumpfhosen vor, mit Pferdefuß und Schwanz und einer zweizinkigen Gabel. Ich denke ihn mir eher als eine extrem faszinierende, starke Person mit einem Willen aus Stahl, in gewöhnlichen Kleidern – als einen Mann, in den man sich vollends und wahnsinnig verlieben könnte. Ich denke manchmal, ja ich glaube, dass er hin und wieder menschliche Gestalt annimmt. Warum nicht?

Regelmäßig verliebe ich mich vollends und wahnsinnig in den Teufel. Er ist so faszinierend, so stark – so stark, genau die Art von Mann, die mein hölzernes Herz erwartet. Ich möchte mich ihm an den Kopf werfen. Ich würde eine süße kleine Frau für ihn abgeben. Er würde mich lieben – er würde mich lieben. Ich wäre in Ekstase. Und ich würde ihn lieben, ach, wahnsinnig, wahnsinnig!

»Was hättest du gerne, dass ich für dich tue, kleine MacLane?«, würde der Teufel sagen.

»Ich möchte, dass du mich eroberst, zerdrückst, erkennst«, würde ich antworten.

»Was soll ich zu dir sagen?«, würde der Teufel fragen.

»Sag zu mir ›Ich liebe dich, ich liebe dich, ich liebe dich‹ mit deiner starken, grausamen, faszinierenden Stimme. Sag es ganz oft zu mir, immer – eine Million Mal.«

»Was hättest du gerne, was soll ich für dich tun, kleine MacLane?«, würde er noch einmal sagen.

Ich würde antworten: »Tu mir weh, verbrenne mich, verzehre mich mit heißer Liebe, küsse mich mit herrlichen brennenden Küssen – drücke deine Lippen leidenschaftlich auf meine, und deine und meine Seele werden sich dann treffen, in Freudenschmerzen über mich!«

»Wie soll ich dich behandeln, kleine MacLane?«

»Behandle mich grausam, brutal.«

»Wie lange soll ich bei dir bleiben?«

»Das ganze Leben – es wird wie ein Tag sein; oder einen Tag lang – er wird wie ewiges Leben sein.«

»Und was wirst du mir für Kinder gebären, kleine MacLane?«, würde er sagen.

»Ich werde wunderbare, wunderschöne Kinder gebären – mit großen Schmerzen.«

»Aber du hasst Schmerzen«, wird der Teufel sagen, »Und wenn du sie hast, wirst du mich hassen.«

»Aber nein«, werde ich antworten. »Schmerzen, die von dir kommen, werden unaussprechliche Begeisterung auslösen.«

»Und wie wirst du mich behandeln, kleine MacLane?«

»Ich werde mich zu deinen Füßen werfen, oder ich werde dich mit göttlicher Zärtlichkeit bedienen; oder ich werde dich mit fantastischer Teufelskunst bezaubern; wenn du weinst, werde ich mich in Tränen auflösen; wenn du dich freust, werde ich wild werden vor Ekstase; wenn du taub wirst, werde ich meine Ohren verstopfen; wenn du blind wirst, werde ich meine Augen ausstechen; wenn du lahm wirst, werde ich mir die Beine abschneiden. Oh, ich werde göttlich lieb sein, unaussprechlich süß!«

»In Wahrheit bist du selten süß«, wird der Teufel sagen. Und ich werde hingerissen sein.

O Teufel, Teufel, Teufel!

O Elend, *Elend* des Nichts!

Die Tage sind lang – lang und sehr träge, während ich darauf warte, dass der Teufel endlich kommt.

Als ich heute hinausging, war ich tief beeindruckt von der wunderbaren Schönheit der Natur, und sei sie noch so karg. Die fernen Berge hatten dieses Hohe, Reine, Durchsichtige an sich, und die näheren waren ganz verwandelt; ihre verspielt sehnsüchtige, fast bettelnde Haltung erinnerte mich an mein Leben. Es war spät am Nachmittag. Während die Sonne langsam sank, ging die Fliederfarbe der fernen Hügel in ein leises Rosa über, und das Grau der näher gelegenen wurde von der Färbung der Sonne überlagert. Und der Sand – mein Sand, meine Ödnis – errötete fast bewusst in seiner weiten, mysteriösen Ausdehnung. Am Himmel war eine weiße Wolke. Der Himmel war blau – blau fast wie damals, als ich ein Kind war. Die Luft war sehr mild. Die Erde schien erweicht. Über allem lag ein unbestimmtes Streicheln, das mir in die Seele drang und sie rührte und verletzte. Es lag etwas in der Luft, wie wenn bald etwas passieren wird. – Aber nie passiert etwas. – Selten, dachte ich, sehen mein Sand und meine Ödnis so aus. Ich kauerte am Boden und die wundersame Ruhe und Schönheit der natürlichen Dinge schüchterte mich ein, mich bewegten seltsame, stille Gefühle.

Ich fühlte und sah um mich und fühlte wieder. Und alles war vollkommen still.

Schließlich füllten sich meine Augen leise mit Tränen.

Ich neigte meinen Kopf an die Brust eines großen, grauen Felsbrockens. O meine Seele, meine Seele, sagte ich immer wieder, ohne Leidenschaft. Es ist so göttlich – die Erde ist so schön, so makellos – und ich, was bin ich? So schön war es, dass ich auch jetzt, wo ich schreibe und es wieder über mich kommt, die Tränen nicht zurückhalten kann.

Tränen sind ungewöhnlich.

Ich fühlte mein hölzernes Herz, meine Seele, die schauderte und schluchzte vor lauter unbekanntem Begehren. Das ist das Erwachen meiner Seele. Ah, der Schmerz dieses Erwachens meiner Seele! Gibt es nichts, *nichts* gegen diese Schmerzen? Ich bin so einsam, so einsam – Fannie Corbin, meine eine Freundin, meine teuer-geliebte Anemonendame, ich brauche dich so sehr – warum bist du nicht hier! Ich will deine Hand mit meiner spüren, wie ich sie manchmal spürte, bevor du weggegangen bist. Du bist die Einzige in einer ganzen Welt von Menschen, der ich nicht gleichgültig bin – und ich liebe dich mit aller Kraft und aller Verehrung, die ich dem Schönen und Wahren entgegenbringen kann. Du bist die Einzige, die Einzige – und meine Seele ist voller Schmerzen, und ich sitze allein auf dem Boden, und mein Kopf liegt an der Brust eines großen Steins. –

Seltsame, süße Leidenschaften regten sich irgendwo tief in mir und erwachten langsam, während ich zitternd auf dem Boden saß. Und ich fühlte, wie sie in der Ferne sangen, als ob ihre blassen Stimmen aus jenem grenzenlos tiefen, tiefen Blau über mir kämen; und es war wie ein Chor von Seelenstimmen, die sangen von Liebe und von Licht und von lieben, zärtlichen Träumen und vom Erwachen meiner Seele. Warum? Und warum tut es so weh? Ist es, weil ich jung bin, oder weil ich allein bin, oder weil ich eine Frau bin?

Oh, es ist hart und bitter, eine Frau zu sein! Und warum – warum? Ist eine Frau eine so abscheuliche Kreatur, dass sie durch diesen endlosen Schmerz geläutert werden muss?

Der Chor zarter, süßer Stimmen strömt ohne Unterlass aus dem Blau zu mir. Mein hölzernes Herz und meine Seele hören ihnen aufmerksam zu. Die Stimmen versuchen mit aller Macht, mir etwas zu sagen, mir zu helfen, aber ich verstehe sie nicht. Ich weiß nur, dass es um reine, erhabene Dinge geht und um die alles überdauernde Liebe, die es irgendwo gibt; und es geht um die Erden-Liebe und um die Wahrheit – aber ich verstehe nichts. Und die Stimmen singen von mir als Kind – ein Lied von jenem ungeliebten, ausgehungerten kleinen Wesen; und ein Lied von einem ungeliebten, halbwüchsigen Geschöpf, und ein Lied von mir, einer Frau, die ganz alleine ist – die darauf wartet, dass der Teufel endlich kommt.

O meine Seele – meine Seele!

Eine weibliche Schlange wird aus dem weißen Ei ihrer Mutter geboren, und lebt eine Weile zufrieden zwischen Unkraut und Gras, und stirbt.

Eine Hündin lebt ein paar Jahre, kriegt Knochen hingeworfen, bekommt manchmal einen Tritt oder Prügel ab, hat eine Hundehütte zum Schlafen, und stirbt.

Ein weiblicher Vogel hat ein Nest und Würmer als Nahrung und zieht im Winter in den Süden, und stirbt bald.

Eine Kröte hat einen Sumpf oder einen Garten, ein paar Käfer und Fliegen, Zufriedenheit – und stirbt.

Und jede hat für eine Weile ein Männchen an ihrer Seite, und bald gibt es kleine Schlangen oder Welpen, die sie so sehr lieben kann, wie es ihr gegeben ist – mehr kann sie nicht tun.

Und sie haben Glück mit ihren kleinen Schlangen und ihren Welpen.

Eine Menschenfrau wird vom schönen Körper ihrer Mutter geboren, mit einem seltsamen, verpesteten Namen gebrandmarkt und in die Welt losgelassen; und lebt eine Weile, und stirbt. Aber bevor sie stirbt, erwacht sie. Damit geht ein Schmerz einher.

Und das Männchen, das sie eine Weile begleitet, ist nicht wie eine Schlange oder ein Hund. Es ist mehr wie ein Mann, und dafür gibt es eine andere Art von Schmerz.

Und wenn ein kleiner Mensch hinzukommt, mit seiner ganz eigenen Seele, muss es wieder ein Erwachen geben, denn sie hat jetzt den besten und höchsten Zustand erreicht, den ein Mensch nur erreichen kann, obwohl sie ein weiblicher Mensch ist und von der Pest gezeichnet. Und auch damit sind schwere Seelenschmerzen verbunden.

Der Name – das verpestete Wort, das in ihre Haut eingebrannt ist – heißt Frau.

Ich hob meinen Kopf von der Brust des grauen Steins. Die Tränen waren geflossen, geflossen. Tränen sind so seltsam! Tränen aus dem eingetrockneten Brunnen von neunzehn Jahren sind wie Wasser, das aus einem Stein gedrückt wird. Plötzlich stand ich vom Boden auf und rannte einige Minuten lang schnell über den Sand. Ich traute mich nicht, wieder auf die Hügelrücken und das tiefe Blau zu schauen, nicht, wieder auf die Stimmen zu hören.

Oh, trotz allem bin ich ein Feigling! Ich schrecke zurück, ich erschaudere vor den Schmerzen der blendenden Lichter. Aber ich warte – ich sehne mich nach dem blendendsten aller Lichter: dem Kommen des Teufels.

1. Februar

Oh, die elende, bittere Einsamkeit, ich zu sein!

In der ganzen tiefen Dunkelheit und der Stille gibt es keinen Schimmer menschlichen Lichts, niemals je eine Stimme!

Wie kann ich es ertragen – wie kann ich es ertragen!

2. Februar

Ich habe in den Geständnissen der Bashkirtseff geblättert. Sie ähneln in der Tat durchaus meiner Darstellung, aber sie sind nicht so interessant, auch nicht so intensiv. Ich bin eigentümlicher als Marie Bashkirtseff, obwohl ihr Geist wahrscheinlich eine höhere Entwicklungsstufe erreicht hatte, und zwar schon in einem jüngeren Alter als ich.

Die meisten ihrer Emotionen sind unstet und wankelmütig.

Einmal betet sie einen Gott an, am nächsten Tag bedenkt sie ihn mit Blasphemien. Sie liebt ihren Gott nie. Und warum hat sie dann einen Gott? Warum lässt sie ihn nicht gänzlich fallen? Er scheint für sie unnütz zu sein – außer als ein praktischer Gegenstand, dem man die Schuld am eigenen Unglück geben kann. – Und das ist schließlich etwas sehr Nützliches. – Und die Leute um sie herum liebt sie am einen Tag und am nächsten hasst sie sie.

Aber in ihrer großen Leidenschaft – ihrem Ehrgeiz – war Marie Bashkirtseff wunderschön beständig. Und was für schreckliche Stürme von Trauer und Verzweiflung muss sie durchlebt haben, als sie erfuhr, dass sie innerhalb eines gewissen Zeitraums sterben würde – der Welt entzogen, und ihre Arbeit ungetan! Die Zeit kroch immer näher – sie muss wahrlich die Bitterkeit des Todes gekostet haben. Sie war sich ihres Erfolgs sicher, sicher, dass ihre hochfliegenden Ambitionen restlos erfüllt werden würden – und dann zu sterben! Es war sicherlich ein harter Kurs, den die kleine Bashkirtseff einzuschlagen hatte.

Meine eigene Verzweiflung ist geradezu umgekehrter Natur.

Es gibt auf der Welt eine Sache, die bitterer ist als der Tod – das Leben.

Angenommen, ich erführe, dass ich am 27. Juni 1903 sterben sollte. Zum Beispiel. Mich würde, glaube ich, eine weiche, warme Welle der Freude überspülen. Wenn ich zu der Zeit auch in den tiefsten Abgründen der Trauer weilte; wenn meine Verzweiflung auch die Verzweiflung aller Verzweiflungen wäre und mein Leid ohne Ende – ich könnte doch sagen: »Nicht so schlimm, am 27. Juni 1903 wird alles vorbei sein – dumpfes Elend, Wut, Nichts, Unbekanntheit, die ungekannte Sehnsucht, alle Wünsche meiner Seele, das ganze Leid – unausweichlich beendet, voll und ganz beendet, am 27. Juni 1903.« Ich würde vielleicht einen neuen Schmerz entdecken, aber diese meine lange alte Qual wäre zu Ende.

Nun sagen Sie, ich könnte ja mein Leben an jenem Tag selbst beenden, ja ich könnte es jetzt sofort tun. Das werde ich sicher tun, wenn der Schmerz das Maß übersteigt, das ich ertragen kann – denn was bleibt mir sonst übrig? Aber ich werde damit nicht zufrieden sein, bei weitem nicht. Was, wenn ich jetzt alles beenden würde – wo doch der Teufel vielleicht in zwei Jahren mit meinem Glück zu mir kommt?

Nach dem Tod kann es sein, dass ich in irgendein liebliches Land komme, wo es Bäume gibt und fließendes Wasser und einen Ort, um mich auszuruhen. Ach – ach was! Ich will das irdische Glück. Ich bin nicht hochgestimmt und spirituell. Ich bin irdisch, menschlich – empfindend, sinnlich, wollüstig, und ach, meine Seele will ihr Glück auf Erden!

Ich kann mich nicht an den Punkt der Selbsttötung bringen, solange es noch eine Möglichkeit des Glücks gibt. Wenn ich aber wüsste, dass ein unwiderruflicher, unausweichlicher Tod mich am 27. Juni 1903 erwartete, wäre ich's zufrieden. Mein Glück mag vorher gekommen sein oder auch nicht. Ich wäre zufrieden. Ich wüsste, dass mein Leben nicht mehr in meinen Händen liegt. Ich wüsste vor allem, dass die langen, alten, alten Schmerzen meiner Einsamkeit ein Ende hätten am 27. Juni 1903.

Eines Tages werde ich eines natürlichen Todes sterben – wahrscheinlich, nachdem ich alt und sauer geworden bin. Wenn ich dann mein Glück ein Jahr und einen Tag lang gehabt habe, umso besser. Ich werde zufrieden so alt und sauer werden, wie der Teufel will. Aber sollte ich kein Glück erlebt haben – wenn ich beginne zu altern und es noch immer kein Glück gibt – oh, dann schwöre ich, keine Stunde mehr zu leben, auch wenn Sterben bedeutete, mich kopfüber in die Verdammnis zu stürzen!

Sehen Sie, ich bin eine Philosophin und ein Feigling – mit der Philosophie der Feigheit. Gelegentlich quetsche ich dieser Tatsache Saft aus – aber dieser Saft ist nicht süß.

Der Teufel – der faszinierende Mann-Teufel – mag sein, dass er kommt, kommt, kommt.

Und in der Zwischenzeit geht es weiter und immer weiter, umgeben von Sand und Ödnis.

Das Städtchen Butte bietet jemandem, der die Menschheit und die menschliche Natur studieren will, ein herrliches Forschungsgebiet. Es gibt nicht viele Einwohner – vielleicht siebzigtausend –, aber diese Siebzigtausend sind auf ihre Art unvergleichlich. Die Mischung, die Unterschiedlichkeit, – Verschiedenheit, *Bohème* – welcher Ort könnte sich mit Butte messen?

Die Bevölkerung setzt sich aus allen Nationalitäten und Lebenslagen zusammen, und die Nationalitäten und Lebenssituationen mischen und paaren sich lebhaft miteinander. Halb verbergen, halb zeigen sie sich in den verschlungenen Labyrinthen eines Furniers, das keiner Nation, keiner Lebenslage zugehört, sondern der Stadt Butte.

Viele Nationalitäten gibt es, ja, vornehmlich aber Einwanderer aus Irland und Cornwall. Unter den Bewohnern von Butte habe ich viele Bekanntschaften. Manchmal, wenn mir danach ist, verbringe ich den Nachmittag, indem ich verschiedene kuriose Leute besuchen gehe.

Bei 4.-Juli-Feiern oder einem Festtag der Gewerkschaften der Bergarbeiter kommt die buntgemischte Herde aus ihren Löchern – und ich komme auch heraus und gehe mit der Herde mit, betrachte sie und denke über sie nach. Es gibt Iren – Kelleys, Caseys, Calahans, die unter dem Gewicht großer Mengen Whiskey durch die Straßen stolpern und die Lebensweisheiten ihrer grünen Insel vor sich hin brüllen; es gibt den erheiterten Mann aus Cornwall, schielend und glotzend, der seine Landsleute mit alkoholischer Herzlichkeit begrüßt und jeder weiblichen Gestalt lüstern nachblickt; es gibt irische Frauen, die einander mit freundlich gemeinten Schimpfworten schrille Komplimente machen, und auf jede kommen fünf oder sechs Kinder mit lauten Stimmen; es gibt Frauen aus Cornwall mit runden Gesichtern, jede mit ihrer Kinderprozession; es gibt glatte, schlanke Sportsmänner, frisch aus dem Badezuber; unbedeutende Anwälte, Zahnärzte, Botenjungen, ›Kanalräumer‹ (Glücksspieler) ohne Ende; schmierige Italiener aus Meaderville; noch schmierigere Franzosen aus der *Boulevarde Addition*; verrunzelte Bergmänner – von denen jeder der Erste gewesen sein will, der in Butte ein Stück Land für sich absteckte; ausgehungert wirkende Chinesen hier und dort; ein Kontingent von Finnen und Schweden und Deutschen; modrige, betuliche alte jüdische Pfandleiher, die kurz aus ihren Höhlen gekrochen sind, um ein wenig Spaß zu haben; dreckverkrustete Indianer und Squaws in staubig-bunten Decken, die aus ihrem flohgeplagten Reservat unterhalb der Stadt heraufgekommen sind; ›Logenhuren‹, die in Butte so häufig vorkommen wie in Irland Barmädchen; schicke afrikanische Dandies; respektable Frauen mit weißen Schürzen um die Taille und Matrosenmützen auf dem Kopf, die die Kinder zuhause gelassen haben und hinausgegangen sind, um zu sehen, was los ist; zahllose streunende Jugendliche aus den dunklen Gegenden der Dublin Gulch; übergewichtige Restaurantinhaber mit Zahnstochern im Mund; eine Armee von Trockenwarenhandelsgehilfen – der ›Papierkragen-Adel‹; alle Arten von Bergarbeitern; Abgesandte aus Dog Town, Chicken Flats, Busterville, Butchertown und Seldom Seen – den Vororten von Butte; blasse dünne Individuen, die in Bierhallen singen und tanzen; fesche Szenemenschen in modischen kleinen Sportkutschen; sogenannte unmögliche Frauen (obwohl in Butte niemand möglicher ist) mit riesigen Hüten und extrem karierten Strümpfen; Menschen, die die Dinge ernst nehmen und von Pferdewetten leben; Schanksklaven; Kellner; Mexikaner und Araber mit sanften Stimmen; – der Bodensatz, die Elite, die untertänigst Respektablen, der Abschaum – alle zusammengeworfen und geschüttelt und gut durchgemischt.

Viele ironische Details fallen einem auf, wenn man durch diese Menge geht. Es mag einem auffallen, dass die irischen Männer sonderbar sorglos und stark und gelassen sind – und so fröhlich! Indessen haben die irischen Frauen keinen Stil, wirken sorgengeplagt und zu Boden gedrückt vom Kinderkriegen. Der Mann aus Cornwall, der den meisten Whiskey intus hat, ist der verträglichste und immer weniger zum Schielen und Starren geneigt. Die Frau aus Cornwall, deren Flüche am schrillsten und am herzlichsten und am hitzigsten sind, ist die, deren Leben am schwersten und niedergetretensten erscheint. Die jungen Frauen, deren Körper in den engsten und steifsten Korsetten stecken, lachen und kichern am ausgelassensten. Die schmutzigen kleinen Iren aus Dublin Gulch sind in jeder Hinsicht viel heller und schlauer als die weniger verdreckten normalen amerikanischen Kinder. Ein delikates Aroma von Cocktails und Whiskey-Soda hängt überall in der Luft, sogar über den Vierspännern und Automobilen der Oberschicht. Glücksspieler, Zeitungsjungen und Chinesen sind von allen die höflichsten Kavaliere. Und der bescheiden wirkende ›Kanalräumer‹, der die größte Anzahl an Highballs getrunken hat, ist von allen auf die ernsteste, stillste Art höflich. Die rollenden, perlenden, musikalischen Flüche von der alten Heimat – Bantry Bay, Donegal, Tyrone, Tipperary – perlen viel unklarer von den eine Zigarette balancierenden Lippen eines zehnjährigen Jungen als von denen seiner Mutter, die sie ihm beigebracht hat. Es könnte einem auffallen, dass die Eheleute, die einander im Bad der Menge am süßesten zulächeln, eben die beiden sind, auf deren Gesichter diverse Narben und Kratzer an spätnächtliche Orgien im trauten Heim erinnern; dass die eigentümlich solide Blockförmigkeit mancher Bergmannsfrauen sich ebenso sehr dem Ausmaß ihres Bierkonsums verdankt wie ihrer alljährlichen Mutterschaft; dass der eine große herrschende Trieb im Leben mancher die Neugier ist; – dass die ganze Herde verzerrt, verbogen, unfruchtbar ist, weil sie ihr Leben in der Räucherhütte von Butte verbracht hat.

Eine einzige Straße in Butte beherbergt Leute aus fast allen Lebenslagen, die nebeneinander dahinleben, wenn nicht in Frieden, so doch in Resignation.

In einer Einheit von fünf oder sechs Reihenhäusern leben typischerweise Kumpel und ihre Familien, deren Kinder das Leben der Straße im Gang halten, während ihre Mütter über die Zäune der Hinterhöfe hinweg miteinander reden – mit der unvermeidlichen Flucherei. Am Eck darüber wird eine mysteriöse Witwe mit einem einzigen Kind leben, die plötzlich in der Gegend erschienen ist, heimlich in der Nacht, und selten vor die Tür geht – die Zielscheibe Dutzender eifriger Augen und halb so vieler eifriger Zungen. Und wenn die mysteriöse Witwe mit ihrem Einzelkind eines Nachts so plötzlich und heimlich wieder verschwindet, wie sie gekommen ist, brechen all die kunterbunten Gerüchte hervor und werden mit erstaunlicher Zungenfertigkeit über die Zäune hin- und hergeworfen – alle beziehen sich auf die dubiose Vorgeschichte und den zwielichtigen Hintergrund der Witwe und ihres Kindes sowie auf den Grund ihrer plötzlichen Abreise, – und kein Gerücht stimmt mit dem nächsten überein. Am Eck gegenüber wird eine Partie seltsamer Leute leben, die auch ganz unvermittelt aufgetaucht sind und auf die sich die Augen des ganzen Straßenabschnitts mit starkem Interesse richten. Es sind sechs Männer und Frauen, die, wie es scheint, nur durch Geselligkeit miteinander verbunden sind. Das Haus ist den ganzen Tag lang ruhig, die Läden geschlossen, nur um abends in den Flammen einer Festlichkeit aufzulodern, die die ganze Nacht nicht aufhört. Das geht so fort, bis eines entscheidenden Tages, auf den Vorschlag gewisser ordnungsliebender Wesen hin, ein Polizist leise in eine Szene ungewöhnlicher Fröhlichkeit hineinschlüpft – und die euphorische Gesellschaft zerfließt still ins Ungewisse, aus dem sie nie wiederkehrt. Auch über sie wird dann mit hingebungsvoller Lust und in sittsam gesenkten Stimmlagen gesprochen, über die Gartenzäune hinweg. Weiter unten auf der Straße wird ein interessantes Geschöpf weiblicher Konfession leben, das fünf Scheidungen hinter sich hat und dabei ist, eine weitere zu erwirken. Diese Scheidungen, ihre Gründe, ihre Berechtigung und die Zukunftsaussichten der mehrfachen Graswitwe werden von den unermüdlichen Zungen in all ihren Konsequenzen durchgesprochen. Jedes Ereignis in der Geschichte der Straße wird von denselben nimmermüden Mitgliedern der Gesellschaft einer grausamen Prüfung unterzogen. Der jüdischen Familie, die das ärmste Haus des Viertels bewohnt, wird nachgesagt, Hunderttausende Dollars zu besitzen; die aristokratische Familie mit den irischen Spitzenvorhängen – lebt von der Beihilfe; in der Familie daneben bringt der Vater ein bequemes Gehalt nachhause –, indem er Schecks fälscht. Die Bergarbeiterfamilie, deren Mutter die Mittel für Diamanten und Robbenfelljacken und andere Rebellionen verschwendet; die Familie in überaus engen Verhältnissen, in die in beängstigender Zahl neue Babies hineingeboren werden; die seltsame Dame, die aussieht wie nach einem Schlaganfall und der ein wunderbar abgründiger und gewalttätiger Strom von Schimpfereien entströmt – alle werden wieder und wieder und wieder durchgesprochen. Niemand wird ausgelassen.

Das also ist Butte, die Vielliebende – die *Bohémienne*. Und alle diese Menschen sind die Spielzeuge des Teufels. Zweifellos hat er an ihnen sein Vergnügen.

Butte ist ein Ort des Sands und der Ödnis.

Die Seelen dieser Leute sind stumm.

4. Februar

Immer frage ich mich, ob es, wenn ich sterbe, jemanden geben wird, der sich liebend an mich erinnert?

Ich weiß, dass ich nicht liebenswürdig bin.

Dass es mich so danach verlangt, macht mich nur noch weniger liebenswürdig, wie mir scheint. Aber wer weiß? Vielleicht wird es jemanden geben.

Meine Anemonendame liebt mich nicht. Wie könnte sie – da sie mich nicht versteht? Aber sie erlaubt mir, sie zu lieben – und das trägt mich schon weit. Es gibt viele – ach, sehr, sehr viele –, die einem nicht erlauben würden, sie zu lieben, auch wenn man wollte.

Jetzt gibt es niemanden, der mich liebt.

Immer frage ich mich, wie es nach einigen langen Jahren sein wird, wenn ich kurz vor dem Tod stehe.

7. Februar

In diesem Haus, in dem sich meine verfluchte, teuflisch müde Existenz dahinschleppt, stehen im oberen Stock im Badezimmer auf dem kleinen Sims, der die Holzverschalung abschließt, sechs Zahnbürsten. Eine normale mit Griff aus weißem Knochen von meinem jüngeren Bruder; eine weiße mit gezwirbeltem Griff, die meiner Schwester gehört; eine mit flachem Griff von meinem älteren Bruder; eine aus Zelluloid, die meinem Stiefvater gehört; eine mit silbernem Griff von mir; und noch eine normale von meiner Mutter. Der Anblick dieser Zahnbürsten, Tag für Tag, Woche für Woche, und immer weiter, ist eines der Dinge in meinem Idiotenleben, die mich am allermeisten zermürben.

Jeden Freitag putze ich das Bad. Normalerweise mache ich das gern. Ich mag, wie das Wasser durch meine Finger schießt, und meine Nägel sind nachher immer wunderschön sauber. Aber die Offensichtlichkeit dieser sechs Zahnbürsten, die auf mich und die fünf anderen Mitglieder meiner Familie sowie die ziellose Leere meiner Existenz hier verweisen – Freitag für Freitag –, macht meine Seele müde und mein Herz krank.

Nie kommt das erbärmliche, karge, verächtliche, verfluchte, enge Nichts meines Lebens in diesem Haus mit einer solchen Kraft über mich, wie wenn mein Auge auf diese sechs Zahnbürsten fällt.

Die Gräuel der Inquisition erreichten die äußerste Verfeinerung der Grausamkeit, als man den Kopf des Opfers unter eine nie endende Folge von Wassertropfen legte.

Ein Strafgefangener, zu Einzelhaft verurteilt, der seine endlosen Tage damit verbringt, vier nackte Wände anzustarren, fühlt, dass alle bekannten Verbrechen der Erde nicht reichen würden, um seine Strafe zu verdienen.

Ich bin keiner Inquisition ausgesetzt und auch keine Gefangene in Einzelhaft. Aber ich lebe in einem Haus mit Menschen, an denen mich am meisten ihre Zahnbürsten bewegen – und diese würde ich gerne, und zwar mehr als alles andere, einsammeln und aus dem Badfenster kippen – verflucht seien sie, *verdammt*!

Sie, die Sie das lesen, können Sie die Tiefe der Bitterkeit und des Hasses verstehen, die in dieser Sache liegen? Vielleicht können Sie es ein bisschen, wenn Sie eine Frau sind und sich schon einmal allein gefühlt haben.

Wenn ich die sechs Zahnbürsten ansehe, überkommt mich ein wilder, greller Sturm der Wut und der Leidenschaft. Zwei bleischwere Hände senken sich auf mein Leben und drücken, drücken, drücken. Sie hämmern die kranke, kranke Müdigkeit in meine innerste Seele.

Oh, dieses Haus zu verlassen, diese Leute und dieses verdichtete Nichts – oh, von ihnen wegzukommen, für immer! Aber wohin kann ich gehen, was kann ich machen? Ich fühle mit einer wahnsinnigen Wut, dass ich hilflos bin. Der Zugriff des Stiefvaters und der Mutter ist verachtenswert und absurd – aber von der Zähigkeit und Beharrlichkeit engstirniger Geister. Er ist wie die zwei bleischweren Hände. Man sieht sie nicht – man spürt sie nicht. Man ahnt nur, dass sie da sind.

Einmal nahm ich meine eigene Zahnbürste mit dem Silbergriff vom Badezimmersims und bewahrte sie ein paar Tage lang bei mir im Zimmer auf. Ich dachte, das könnte den Effekt der sechs lindern.

Ich habe sie zurückgestellt.

Die Abwesenheit der einen betonte nur die verfluchte Sinnfälligkeit der anderen. Es gab etwas an den fünf, das noch zwanghafter meinen Ärger erregte als die sechs Zahnbürsten. Die Verfluchtheit war nicht schlimmer, aber mein Gefühl für sie wurde noch lebhafter.

Also stellte ich meine Zahnbürste wieder ins Bad zurück.

Dieses Haus ist bequem möbliert. Meine Mutter verbringt ihr Leben damit, es zu schmücken. Die kleinen, quadratischen Zimmer sind ausgesprochen hübsch.

Aber wenn ich sie mit offenen Augen ansehe, muss ich an den Bibelspruch vom Stallochsen denken.[14]

Und doch ist hier kein Hass außer meinem, keine Bitterkeit außer meine. Ich bin die Einzige von den sechs, deren Geist gegen die Dinge aufschreit.

Aber es gibt etwas Subtileres, das tiefere Wunden schlägt. Es gibt den Mangel an Mitgefühl – den Mangel an allem, was zählt: Es gibt dieses große, tiefe Nichts.

Wie viel besser wäre doch hier Hass als Nichts!

Hoffnungslos sehne ich mich nach der Willenskraft, nach der Entschlossenheit, mein Leben in die eigenen Hände zu nehmen, von diesem Haus eines Tages wegzugehen und nie mehr wiederzukommen. Ich kann nirgendwohin – ich habe kein Geld, und ich kenne die Welt viel zu gut, um das geringste Vertrauen in ihre freiwillige Herzensgüte zu setzen. Aber wie viel besser und weiter, weniger verflucht, weniger ärgerlich wäre es, hinauszugehen und geschlagen, betrogen, benutzt zu werden, als *das!* – dieser Zustand, der sich in der Form eines Kreises aus sechs Zahnbürsten mit ausreichend überschüssiger Verfluchtheit so anschaulich ausdrückt.

Ich habe von einer Frau gelesen, die von Jerusalem nach Jericho ging und unter Diebe geriet. Vielleicht hatte sie ein Haus in Jerusalem mit sechs Zahnbürsten und Nichts. In diesem Fall wäre sie glückselig in die Arme der Diebe geeilt.[15]

Ich denke an Verbrechen, die meine jungfräulichen Sinne mit Horror und Abscheu besudeln würden. Und ich denke an meine Nichtigkeit, und ich frage mich, ob es nicht besser wäre, die Welt als Ausgestoßene zu durchqueren denn als eine einsame Frau, und auch solchen Verbrechen von Angesicht zu Angesicht zu begegnen, als dass jeder einzelne meiner Frauensinne langsam, unter Schmerzen zu Fetzen verschlissen wird, sich überdehnt und bricht – in diesem namenlosen Nichts?

Oh, die Trübsal – die Hoffnungslosigkeit des Nichts!

Keine Worte können das ausdrücken. Und Dinge sind immer am schwersten zu ertragen, wenn es keine Worte dafür gibt.

So groß das sprachliche Talent auch sein mag, immer gibt es noch etwas, das man nicht sagen kann.

Ich bin meiner selbst müde. Immer ich, ich, ich. Aber es geht nicht anders.

Mein Leben ist voll mit *selbst*.

Könnte meine Seele voll erwachen, würde ich vielleicht aus mir selbst herausgehoben – so wäre es ganz bestimmt. Aber meine Seele ist nicht wach. Sie wacht auf, versucht, die Augen aufzuschlagen; und sie schreit blind nach etwas, kann jedoch nicht *wissen*. Ich habe das schreckliche Gefühl, dass es immer so bleiben wird.

Ach, ich fühle alles – alles! Ich fühle, was sein könnte. Und es gibt nichts. Es gibt sechs Zahnbürsten.

Würde ich mit ein paar feinen Unterschieden aufhalten, könnten mich Theorien, ja Naturgesetz darin aufhalten, von hier in ein Glück zu entfliehen – oder in etwas, das viel weniger ist?

Elend – Elend! Wenn ich es nur weniger spürte!

Ach, die Müdigkeit, die Müdigkeit – während ich auf den Teufel warte.

8. Februar

Oft gehe ich hinaus an eine Stelle im flachen Tal unterhalb der Stadt, um mit dem Tod zu flirten. In mir schlummert, wie es scheint, der Geist der Koketterie.

Unten im Flachland gibt es ein gewisses tiefes dunkles Loch, dessen Boden einige Fuß Wasser bedecken.

Dieses Loch fasziniert mich völlig. Manchmal gehe ich in eine ganz andere Richtung los, fühle mich aber unwiderstehlich gerufen, mich umzudrehen und stattdessen ins Flachland in die Richtung des faszinierenden, tiefen Lochs zu gehen.

Und hier flirte ich mit dem Tod. Das Loch ist so eng – nur etwa vier Fuß breit – und so dunkel und so tief! Ich weiß nicht, ob es ein Brunnen werden sollte oder ein zurückgelassener Schacht von irgendeinem vereinzelten Bergmann ist. Auf jeden Fall ist es schon lange verlassen, kein Mensch ist da, und es übt auf mich einen seltenen, liebevollen Charme aus.

Manchmal gehe ich am frühen Abend dorthin, knie mich an den Rand und beuge mich über die dunkle Grube, während meine Hand nach einem hölzernen Pfahl greift, der daneben in den Boden geschlagen ist. Ich werfe kleine Steine hinunter und höre ihr hohles »Platsch«, und es klingt sehr weit entfernt.

Es liegt etwas wunderbar Beruhigendes, wunderbar Tröstendes für mein unruhiges, schmerzendes Holzherz im dunklen Geheimnis dieses faszinierenden Lochs. Hier ist für mich das Ende, wenn ich möchte – hier ist das Aufhören, wenn ich es will. Und ich beuge mich vornüber und lächle still.

»Keine Blumen«, sage ich zu mir selbst, »keine weinenden Idioten, kein sinnloses Begräbnis, kein schmieriger Bestatter, der sich an meinem Frauenkörper zu schaffen macht, keine nutzlosen christlichen Gebete. Nur dieses tiefe, dunkle, ruhevolle Grab.«

Niemand würde es je finden. Es befindet sich eineinhalb Meilen vom nächsten Haus entfernt.

Das Wasser – das dunkle stille Wasser am Boden – würde über mir zusammengurgeln und schnell ein Ende machen. Oder wenn ich befürchtete, dass zu wenig Wasser im Loch wäre, würde ich eine Spritze und etwas Morphium mitbringen und mir eine ungeheure Menge davon in meinen weißen Arm spritzen, und ich würde über dem zärtlichen Dunkel knien, bis meine jugendmüden, vom Warten abgenutzten Sinne überwältigt würden, und mein schlanker, leichter Körper würde fallen. Er würde unten aufs Wasser treffen und »Platsch« machen – endlich den kleinen Steinen folgend. Und das schwarzschlammige Moderwasser würde in meinen Körper dringen und anfangen, meinen Körper zu zersetzen, und undurchsichtige Blasen würden aufsteigen, solange meine Lungen noch atmeten. Oder vielleicht würde mein Körper gegen die Seite des Lochs fallen und der Kopf, daran gelehnt, aus dem Wasser hervorragen. Oder vielleicht würde nur das Gesicht aus dem Wasser ragen, aufwärtsgewandt gegen das Licht – oder halb nach unten gekehrt, und das Haar würde dunkel von der Nässe und schwer, und das Gesicht wäre darunter weißblau, und die Augen sänken einwärts.

»Das Ende, das Ende –«, sage ich leise und ekstatisch. Aber ich lehne mich nicht weiter vor. Meine Hand lockert ihren festen Griff um den Holzpfahl nicht. Ich flirte jetzt nur mit dem Tod.

Der Tod ist faszinierend – fast wie der Teufel. Der Tod macht von all seinen Künsten und Listen Gebrauch, mächtig und anziehend, und der Flirt mit ihm ist meine tödliche Versuchung. Und ich bediene mich meiner Künste und Listen – und versuche ihn.

Der Tod möchte mich gerne haben, und ich möchte ihn gerne haben.

Dieser Flirt hat seine Quelle in gegenseitigem Begehren. Wir lieben einander nicht, der Tod und ich, – Freunde sind wir nicht. Aber wir begehren einander, sinnlich, lüstern.

Irgendwann, schätze ich, werde ich dem Begehren nachgeben. Jetzt spiele ich nur damit – aber auf unverwechselbare Weise. Der Tod weiß, es ist nur eine Frage der Zeit.

Aber zuerst muss der Teufel kommen. Zuerst der Teufel, dann der Tod: ein tiefes, dunkles, tröstendes Grab – und der frühe Abend, »und ein wenig die Hände falten, und ruhen«.[16]

Ich finde, ich bin eine Schwindlerin, in keinem geringen Ausmaß. Ich spiele fürs Volk. Vielleicht spüren Sie es, wenn Sie diese Analysen lesen.

Obwohl all diese Seelenbewegungen mit äußerster Ernsthaftigkeit und Aufrichtigkeit niedergeschrieben werden und genauso dastehen, wie ich sie jeden Tag empfinde – sofern es in meiner Macht steht, das, was ich fühle, auszudrücken – will ich doch durch sie die Vorstellung vermitteln, dass ich Mängel aufweise, was das große Element der Wahrheit betrifft – dass unter den Kett- und Schussfäden meines Lebens ein Faden verläuft, der falsch ist – falsch.

Ich weiß nicht, wie ich das nun sagen soll, ohne missverstanden zu werden. Wenn ich sage, dass ich auf eine Art eine Schwindlerin bin, beziehe ich mich nicht auf die Wahrheiten, die ich in dieser Darstellung festgehalten habe, sondern auf eine sehr zarte und subtile Sache, die all diese Wahrheiten durchzieht.

Oh, denken Sie keinen Augenblick, dass diese Untersuchung meiner Gefühle nicht vollkommen aufrichtig und echt ist, noch, dass ich sie nicht alle, mehr als ich in Worte fassen kann, gefühlt habe. Es sind meine Tränen – das Blut meines Lebens!

Aber in meinem Leben, in meiner Persönlichkeit, gibt es eine Essenz von Falschheit und Unehrlichkeit. Ein dünner, feiner Dunst von Betrug hängt immer über mir und dämpft und verletzt einige Dinge in mir, die ich wertschätze.

Ich habe das noch nicht vollständig analysieren können – es ist so dünn, so wenig substantiell, es entschlüpft mir – und doch ist es keine kleine Sache. Im Licht meiner anderen Eigenschaften betrachtet ist es durchaus natürlich.

Meine neunzehn Jahre habe ich begraben in einer Umwelt verbracht, die in krassem Gegensatz zu meinen natürlichen Instinkten steht; in der mein Innenleben niemals berührt und selten an mein Mitgefühl appelliert wird. Niemals zeige ich meine wahren Wünsche oder den Stoff meiner Seele. – Niemals, will ich sagen, irgendjemandem außer meiner einen Freundin, der Anemonendame. – Und so spiele ich an jedem Tag meines Lebens eine Rolle; ich halte ein riesiges Bündel von Sachen unter meinem Mantel verborgen. Wenn man sein ganzes Leben lang eine Rolle gespielt hat – eine falsche Rolle – ich war ja schon mit fünf und sechs Jahren eine hintertriebene, trickreiche kleine Lügnerin – dann ist man gezeichnet. Man kann nie den Mantel der Falschheit und Scharlatanerie ablegen – besonders, wenn man schon inwendig eine Lügnerin ist.

Vor einem Jahr, als mir die Freundschaft der Anemonendame zuteil wurde und sie sich manchmal mitfühlend etwas über den Schmerz anhörte, der lange Zeit in Schweigen gehüllt gewesen war, fühlte ich, wie straff gespannte Saiten rissen, Flutdämme aufbrachen – und einen seltsamen neuen Schmerz. Ich fühlte, als müsste ich ihre sanfte Hand festhalten und den aufgestauten, überquellenden Tränen von achtzehn Jahren freien Lauf lassen. Dieses Zärtliche hatte ich mehr als alles andere mein ganzes Leben lang gewollt, und plötzlich war es mir geschenkt worden.

In mir fühlte ich eine Erschütterung und ein Schmelzen.

Aber ich konnte meiner einen Freundin nicht genau erzählen, was ich fühlte. In meinem eigenen Denken bestand kein Zweifel, dass ich ganz und gar aufrichtig fühlte, aber mit ihm und um es herum gab es diesen Dunst von Betrug, Schwindel, einen falschen Geist, der aufstieg und mich konfrontierte mit den Worten: »Heuchlerin«, »Närrin«.

Vielleicht ist der Geist der Falschheit selbst wieder eine Täuschung – aber ob nun wahr oder falsch, er ist immer bei mir. Indem ich meine Emotionen zu Papier bringe, habe ich versucht, eine Idee dieser Gaukelei zu übermitteln und dennoch alles getreu wiederzugeben. Manchmal denke ich, mit Erfolg, dann wieder scheine ich eindeutig versagt zu haben. Dieses Element der Falschheit ist das absolut Dünnste, das Feinste, das Seltenste von allen Bestandteilen meines vielseitigen Charakters.

Es ist nicht das Unwichtigste.

Ich habe Visionen davon gehabt, wie ich verschiedene Pfade ging. Ich habe mir selbst dabei zugesehen, wie ich einen nach dem anderen ausprobierte. Und immer ist es das Gleiche: Vor mir auf dem Weg sehe ich einen großen schwarzen Schatten, der meinen Weg verdunkelt und mich mit Grauen und Verunsicherung erfüllt – den Schatten meines eigenen falschen Charakterzugs.

Ich kann ihn nicht loswerden.

Ich bin eine geborene Lügnerin.

Es ist schwer, über so etwas zu schreiben. Es gehört zu den missverständlichsten Sachen, die es nur gibt. Wahrscheinlich werden Sie es missverstehen, denn es ist mir nicht gelungen, die richtige Idee davon zu vermitteln. Ich zielte darauf und verfehlte es. Es entschlüpfte mir komplett.

Sie müssen die Idee, wie ich sie Ihnen gerade präsentiert habe, so nehmen, wie sie ist. Näher kann ich sie nicht eingrenzen. Aber es ist etwas unendlich Feineres und Selteneres.

Es ist eine schwierige Aufgabe, anderen etwas zu zeigen, das ich, obwohl ich es fühle und vollständig erkenne, noch nicht selbst durchdrungen habe.

Aber das hier ist eine komplette Darstellung meiner selbst – wie ich auf den Teufel warte – und ich muss alles erzählen – alles.

13. Februar

Also ja. Wie ich gesagt habe, finde ich, dass ich sehr, sehr merkwürdig bin. Meine verschiedenen Bekanntschaften sagen, dass ich komisch bin. Sie sagen, »Oh, es ist diese Mary MacLane, Dollys jüngere Schwester. Sie ist komisch.« Aber ich sage merkwürdig. Ich trage das Mal der Merkwürdigkeit.

Vor vielleicht ein oder zwei Jahren gab es eine Zeit, da war ich eine äußerst empfindliche kleine Närrin. Empfindlich, weil es mich damals sehr tief traf, wenn meine jungen Bekanntschaften mich komisch nannten und an mir ihren entschieden unfreundlichen Spott ausließen. Meine Schuljahre waren keine glücklichen. Vor zwei Jahren stand ich noch nicht über diesen Dingen. Ich war eine empfindliche kleine Närrin.

Aber diese Empfindlichkeit, kann ich heute mit Freuden sagen, ist verflogen. Die Meinung dieser jungen Leute, oder auch der alten Leute, ist jetzt nicht mehr in der Lage, mich zu verletzen.

Je mehr ich von der Konventionalität sehe, scheint es, desto merkwürdiger werde ich.

Obwohl ich jung und weiblich bin – sehr weiblich –, bin ich doch nicht dieses reizende Schema eines *Mädchens*: der Art von Mensch, über die Laura E. Richards schreibt und Nora Perry und Louisa M. Alcott – Mädchen mit strahlenden Augen und mit bezaubernden Gesichtern – (immer haben sie bezaubernde Gesichter) –, die mit zauderndem Fuß innehalten, wo Bach und Fluss aufeinandertreffen – und all das.

Das habe ich alles verpasst.

Ich habe ein paar Mädchenbücher gelesen, vor ein paar Jahren – *Hildegarde Graham* und *What Katy Did* und all das –, aber ich habe sie mit Distanz gelesen. Ich sah mir diese Geschöpfe an wie von hinter einem hohen Bretterzaun. Mein Geschmack hatte mehr mit einem durch Einöden wandernden Juden gemeinsam, oder mit einer Bande kämpfender Amazonen. Ich bin kein Mädchen. Ich bin eine Frau, auf eine Art. Ich begann mit zwölf, eine Frau zu sein, oder besser: ein Genie.

Und dann ist man meistens, wenn man kein Mädchen ist, eine Romanheldin – die Art, von der man liest. Aber ich bin auch keine Romanheldin. Eine Romanheldin ist schön – Augen wie das Meer, undurchsichtige Blicke schießen unter gesenkten Lidern hervor, sie geht mit sanft schwingenden Bewegungen, ihr strahlendes Lächeln bleibt einem noch lange im Gedächtnis, sie verliebt sich methodisch in einen Mann – immer in einen Mann –, isst Sachen (sie heißen dann »Kleinigkeiten«) mit einem zarten Appetit, und zu besonderen Anlässen ist ihre Stimme tränenvoll. Ich mache das alles nicht. Ich bin nicht schön. Mein Gang hat nichts Wellenartiges – ich habe auch noch nie jemanden ondulierend gehen sehen, außer vielleicht eine Kuh, der man zu viel zu fressen gegeben hat. Mein strahlendes Lächeln bringt niemanden aus der Ruhe. Keine undurchsichtigen Blicke schießen aus meinen Augen, die auch keine Ähnlichkeit mit dem Meer aufweisen. Ich habe noch nie eine Kleinigkeit gegessen, wenn ich esse, ist mein Appetit ausgezeichnet. Und meine Stimme war, soweit ich weiß, niemals tränenvoll.

Nein, ich bin keine Romanheldin.

Es gibt fast nie normal aussehende Romanheldinnen, außer Jane Eyre, und sie war nicht sehr befriedigend. Sie hätte sofort die Ehe mit ihrem geliebten Rochester eingehen sollen. Ich hätte so gehandelt, und wenn dutzende verrückte Ehefrauen im Obergeschoss herumgespukt hätten. Aber wahrscheinlich dachte sich die Autorin, sie müsse ihre Heldin wenigstens mit irgendeiner begehrenswerten Qualität ausstatten – hohe moralische Prinzipien, da sie nun einmal nicht schön war. Manche Leute sagen, dass Schönheit ein Fluch sei. Das mag sein, aber ich hätte nichts dagegen gehabt, ein wenig verflucht zu werden. Und ich kenne viele Personen, die gut dasselbe sagen könnten. Jedenfalls wünsche ich mir, dass jemand einmal ein Buch über eine unscheinbare, schlimme Heldin schriebe, mit der ich wirklich mitfühlen könnte.

Weit davon entfernt also, ein Mädchen oder eine Romanheldin zu sein, bin ich eine Diebin – wie bereits angedeutet.

Mir fällt ein, wie ich unlängst drei Dollar stahl. Eine Frau, die ich ganz gut kenne und die in der Nähe wohnt, rief mich zu sich ins Haus, als ich gerade vorbeiging, und bat mich, eine Besorgung für sie zu erledigen. Sie ließ sich gerade ein schweres Kleid machen, und sie brauchte noch mehr Zieraufsatz, um es zu schmücken. Dieser Zieraufsatz kostete neun Dollar pro Yard. Meine vertrauensselige Nachbarin gab mir ein Stückchen als

Probe mit und zwei Zwanzigdollarscheine. Ich sollte vier Yards besorgen. Ich tat es und kam zurück und gab ihr das Zeug und einen Dollar. Die anderen drei Dollar behielt ich. Ich brauchte gerade dringend drei Dollar, um sie zu den paar zu legen, die schon in meiner Geldbörse waren. Meine vertrauensselige Nachbarin ist von der Sorte, die mit Geld achtlos umherwirft. Ich wusste, dass sie auf so ein kleines Detail nicht achtgeben würde – sie war vertieft in ihr neues Kleid; oder vielleicht würde sie glauben, dass ich eben um neununddreißig Dollar Zieraufsatz gekauft hatte. Jedenfalls brauchte sie das Geld nicht, und ich wollte drei Dollar, also stahl ich sie.

Ich bin eine Diebin.

Es ist mir nahegelegt worden, dass ich eine Kleptomanin sei. Aber ich bin sicher, dass ich vollkommen richtig ticke. Ich habe keine solche Ausrede. Ich bin eine stinknormale Diebin.

Das ist nur eine meiner Unterschlagungen. Ich klaue Geld, oder alles, was ich haben will, wann immer ich kann, fast ständig. Es amüsiert mich – und man muss sich ja irgendwie amüsieren.

Ich habe nur zwei Bedingungen: Die Person, der es gehört, darf es nicht dringend brauchen, und es darf kein Risiko bestehen, ertappt zu werden (und natürlich würde ich niemals daran denken, meine eine Freundin zu bestehlen.)

Es wäre einfach extrem lästig, als Diebin bekannt zu sein.

Wenn die Welt dich als Dieb kennt, ist sie gegenüber deinen anderen Eigenschaften blind. Sie nennt dich einen Dieb, und das war's. Ich bin ein Genie ebenso wie eine Diebin – aber die Welt würde diese Tatsache ganz und gar übersehen. »Ein Dieb ist ein Dieb«, sagt die Welt. Das stimmt auch. Aber die bloße Tatsache, ein Dieb zu sein, sollte nicht dazu führen, dass alle anderen Eigenschaften ignoriert werden. Wenn zum Beispiel die Welt weiß, dass du ein methodistischer Prediger bist, wird sie es doch auch anerkennen, wenn du nebenbei außerdem ein Geiger, ein Chemiker oder ein Dichter bist, und sie wird dich dafür würdigen. Folglich sollte sie, obschon sie dich als Dieb verurteilt, zugleich dein Genie bewundern. Wenn sie dich nicht als Genie bewundert, hat sie kein Recht, dich als Dieb zu verurteilen.

– Und warum die Welt irgendjemanden dafür verurteilen sollte, ein Dieb zu sein – wenn doch innerhalb ihrer Grenzen keiner ist, der nicht auf irgendeine Art ein Dieb ist – auf diese ironische Frage habe ich viel eitle Logik verschwendet.

Ich versuche nicht, mich für das Stehlen zu rechtfertigen. Ich halte es nicht für etwas, was rechtfertigt werden muss, ebenso wenig wie Gehen, Essen oder Schlafengehen. Aber wie erwähnt, wenn die Welt wüsste, dass ich eine Diebin bin, ohne vorher nachdrücklich darauf hingewiesen worden zu sein, dass ich auch noch ein paar andere Sachen bin, dann wäre die Welt um einen Ton kühler gegen mich, als sie ohnehin schon ist – und das wäre schon sehr kühl.

Aus diesem Grund habe ich in dieser Darstellung einiges andere in aller Ausführlichkeit behandelt, bevor ich das Thema meiner diebischen Neigungen anschnitt.

Keine meiner Bekanntschaften würde jemals den Verdacht hegen, ich sei ein Dieb. Ich sehe so respektabel aus, so vornehm, so nett, so harmlos, süß sogar.

Aber was das betrifft, bin ich ja eine ganze Menge Sachen, die man mir nicht ansieht.

Die Frau, von der ich drei Dollar stahl, wird sich wiedererkennen, falls sie dies liest. Das wird unangenehm werden. Ich hoffe sehr, dass sie es nicht liest. Sie ist allerdings nicht von der lesenden Sorte.

Aber es ist doch am Ende unwichtig. Diese Darstellung behandelt Mary MacLane: ihr hölzernes Herz, ihren jungen Frauenkörper, ihre Seele.

– Mag die Welt herbeieilen und lesen. –

Ich werde erzählen, was ich mit den drei Dollars gemacht habe. In Dublin Gulch, einem raueren Viertel Buttes, von sehr, sehr irischen Leuten bewohnt, lebt eine alte, weltgesäuerte, runzelgesichtige Frau. Sie lebt alleine in einem kleinen, unordentlichen Haus. Sie flucht fürchterlich, wie ein Papagei, und ihr Ruf ist schlecht – so schlecht, dass sogar ihre Landsleute in Dublin Gulch sie nicht besuchen, um ihrem eigenen nicht zu schaden. Es ist wahr, dass die Moral der unfeinen Alten zu wünschen übrig lässt – noch nie gut war –, wenn man mit dem Maß der Welt misst. Sie trägt auf Geist und Körper verschiedenste Spuren kalter, grober Behandlung. Ihr Leben ist fast vorbei. Sie ist durch.

Von Zeit zu Zeit gehe ich diese alte Frau besuchen. – Mein Ruf muss inzwischen entscheidend beschädigt sein. –

Ich sitze ein, zwei Stunden bei ihr und höre ihr zu. Sie freut sich sehr, mich dazuhaben. Außer mir hat sie keine Gesprächspartner außer dem Milchmann, dem Lebensmittelhändler und dem Fleischer. Daher ist sie immer froh, mich zu sehen. Ein gewisses Band der Sympathie verbindet sie und mich. Wir mögen uns. Wenn sie sieht, wie ich den Weg zu ihrem Haus einschlage, wird ihr hartes, saures Gesicht wunderbar weich, und ein Licht ausgeprägter Freundlichkeit kommt in ihre grünen Augen.

Wissen Sie, es gibt reichlich wenig Menschen auf der Welt, deren harte, saure Gesichter bei meinem Anblick weich werden, in deren grünen Augen ein ausgeprägt freundliches Licht erscheint. In meinem Fall gibt es ganz besonders wenige solcher Leute.

Daher mögen wir einander, die schimpfende alte Frau und ich. Keine Fragen von Moral oder Amoral kommen zwischen uns. Wir sind gleich.

Ich rede ein bisschen mit ihr, aber hauptsächlich redet sie. Sie erzählt mir von der Zeit, als sie in der Grafschaft Galway lebte und noch jung war – und von ihren verschiedenen Ehemännern, und von manchen, die keine Ehemänner waren, und von ihren Kindern, die über die ganze Welt verstreut sind. Und sie zeigt mir alte Blechfotografien dieser Leute. Sie hat mir die abwechslungsreiche Geschichte ihres Lebens schon oft erzählt. Ich höre ihr gerne zu. Solche Erzählungen habe ich noch nirgends gehört.

Die Geschichte in ihrer unverhohlenen Schlichtheit, die sauergesichtige alte Frau, die dasitzt und sie erzählt, und die Fotografien – sie haben etwas, das auf absurde, groteske, tränenlose Art traurig ist.

Einmal brachte ich ihr, als ich sie besuchte, sechs riesige, schwere, duftende Chrysanthemen mit.

Die hatte ich mit den gestohlenen drei Dollars gekauft.

Es gefiel mir, sie für die schimpfende alte Frau zu kaufen. Ihr gefielen sie auch – nicht, weil sie sich viel aus Blumen macht, sondern weil ich sie ihr brachte. Ich wusste, dass sie sich darüber freuen würde, aber das war nicht der Grund, warum ich sie ihr schenkte.

Ich tat es allein, weil ich selbst daran Vergnügen hatte.

Ich wusste, dass sich die schimpfende alte Frau keine Gedanken darüber machen würde, ob sie mit gestohlenem Geld erworben worden waren oder nicht, und mich reute nur, dass ich keine Gelegenheit gehabt hatte, eine größere Summe zu stehlen, mit der ich mehr Chrysanthemen hätte kaufen können, ohne meine Börse zu strapazieren.

Aber auch so füllten sie ihre dreckige kleine Behausung mit Duft und Farbe.

Schon vor langer Zeit, als ich sechs war, war ich eine Diebin – nur war ich noch nicht wie heute eine anmutige, leichtfingrige Diebin – ich hatte keine Philosophie des Stehlens.

Wenn ich aus der Geldbörse meiner Mutter eine Kupfermünze entwendete, fühlte ich ein entsetzliches, erstickendes Sinken meines bösen Herzens, und die Kupfermünze geisterte noch Tage und Nächte lang quälend in mir herum – als ich die Schokoladenmaus längst verzehrt hatte –, und ach, wie sehr wünschte ich diese Kupfermünze zurück in die Geldbörse, unter fest geschlossenem Deckel, in der mit dem Schlüsselchen verschlossenen Schreibtischlade!

Und ist es daher nicht fein, wenn man neunzehn und eine Diebin ist, mit einer Philosophie des Stehlens – statt sechs zu sein und Tag und Nacht von einer Kupfermünze geplagt zu werden?

Wenn ich heutzutage fünf Dollar gestohlen habe, bereue ich nur, dass ich nicht gleich zehn stahl, wenn ich schon dabei war.

Es ist eine lange Zeit vergangen, seit ich sechs war.

17. Februar

Heute ging ich über den Hügel, hinter dem die Sonne am Nachmittag verschwindet.

Ich folgte der Sonne, so weit ich konnte, aber nicht einmal zwei sehr gute Beine können mehr tun, als einen mitten ins Sonnenlicht hineinzutragen – und dann kann man dastehen und sich wehmütig und verliebt davon verabschieden.

Ich stand im Tal unterhalb des Hügels und sah in die Ferne auf die goldgelben Berge, die sich in wolkiger Bläue erheben, und die langen grauen Sandfächen. Alles erinnerte mich an den Teufel und das Glück, das er mir bringen wird.

Eines Tages wird der Teufel zu mir kommen und sagen: »Komm mit.«

Und ich werde antworten: »Ja.«

Und er wird mich mitnehmen an einen Ort, wo es feucht und grün ist – wo gelber, gelber Sonnenschein auf himmelküssende Hügel fällt und neblige, wolkige Massen über den Tälern schweben.

Und tagelang werde ich glücklich sein – glücklich – glücklich!

Tagelang! Der Teufel und ich werden einander heftig und vollkommen lieben – tagelang! Er wird im Fleisch sein, aber er wird kein Mann sein. Er wird der Mann-Teufel sein, und seine Seele wird meine zu sich nehmen, und sie werden tagelang eins sein.

Stellen Sie sich vor, wie ich aus meinem Elend, meiner Unsichtbarkeit, meiner Langeweile und Nichtigkeit erhoben werde, versetzt in das volle, leuchtende Leben des Teufels – tagelang!

Die Liebe des Mann-Teufels wird in mein ödes, unfruchtbares Leben eindringen und alles Kalte, Harte darin zum Schmelzen bringen. Sie wird die Ödnis bewässern, und eine Million kleiner grüner Pflanzen werden daraus hervorsprießen; und eine klare, glitzernde Quelle wird entspringen und darüberfließen – durch die trüben, sandigen Weiten meiner Bitterkeit, neben den falschen, steinigen Straßen meines Schmerzes und meines Hasses. Und ein großer, reißender, blitzender Katarakt allesschmelzender Liebe wird über meine Erschöpfung und meine Unruhe fließen und sie für immer davonspülen. Meine Seele wird vollends erwachen und eine Million neuer, süßer Seelen werden in den grünen, wachsenden Lebewesen entstehen. Und sie werden mein Leben mit allem füllen, was schön ist – Zärtlichkeit und Herrlichkeit und Mitgefühl und Erlauchtheit und erhebende Grazie und Licht und Ruhe und Sanftheit und Triumph und Wahrheit und Frieden. Mein Leben wird weit aus dem Selbst hinausgetragen werden, und das Selbst wird still aus dem Sichtfeld sinken – ich werde es weiter und weiter abdriften sehen, bis es verschwindet.

»Das ist das letzte – das *letzte* – von jener Mary MacLane«, werde ich sagen, und ich werde ein langes, seufzendes, zitterndes Lebewohl empfinden.

Tausend Jahre Elend – und jetzt eine Million Jahre Glück.

Wenn die Sonne im Tal versinkt, wenn die Kuppen jener den Himmel küssenden Hügel violett und lila erglühen und das Tal selbst in goldgelbem Licht getränkt ist, werden der Mann-Teufel – den ich über alles liebe – und ich hinausspazieren.

Wir werden durchdrungen sein vom gelben Licht der Sonne und dem goldenen Licht der Liebe.

Der Mann-Teufel wird zu mir sagen: »Schau, kleines Wesen, schau dir dieses wunderschöne Bild der Freude und des Glücks an. Es ist das Bild deines Lebens, so wird es sein, solange ich bei dir bin – und ich werde tagelang bei dir bleiben.«

Ach, ja, ich werde einen letzten, langen Abschiedsblick auf

jene Mary MacLane werfen. Nicht der blasseste Schatten wird bleiben von ihrer müden, elenden Nichtigkeit.

Stattdessen wird es ein brillantes, schwebendes, freudiges Wesen geben – verwandelt, geschmückt, bekränzt mit der Liebe des Teufels.

Mein Geist wird eine Schatzkammer der Kunst sein, frisch gefegt und zierreich und stark und in seiner Blüte.

Mein ödes, hungriges Herz wird endlich in sein Recht kommen. Die roten Flammen der Liebe des Mann-Teufels werden ihm die armselige, verformte Hölzernheit für immer ausbrennen, und er wird es nehmen und wertschätzen – und mir seines geben.

Mein junger Frauenkörper wird ebenfalls eine Metamorphose erleben, und ich werde fühlen, wie er sich entwickelt und sich füllt mit unzähligen kleinen Zufriedenheiten und Freuden. Immer ist mein junger Frauenkörper ein großer und wichtiger Teil von mir, und wenn ich mit dem Teufel verheiratet bin, wird seine fein organisierte Nervenkraft und komplexe Empfindsamkeit in einer phantastischen Vollständigkeit kulminieren.

Meine Seele – auf meine Seele wird das bewusste Licht herabkommen, das weder Land noch See je sahen.

Das wird tagelang anhalten – tagelang.

Ganz gleich, was vorher war, werde ich sagen; ganz gleich, was nachher kommt.

Jetzt gerade sind es der Mann-Teufel – mein Liebster – und ich, die im gelben Licht leben.

Stellen Sie sich vor, mit dem Teufel in einem kargen kleinen Haus zu wohnen, mitten in grüner Feuchtigkeit und Süße und gelbem Licht – tagelang!

Im Morgengrauen wird es unbeschreiblich süß und schön sein, mit feuchtglänzenden Blättern und der grauen, unergründlichen Luft und dem nassen Gras und allem.

»Sei nun glücklich, meine erschöpfte kleine Frau«, wird der Teufel sagen.

Und der lange, lange, goldgelbe Tag wird gefüllt mit der Musik des wahren Lebens.

Meine grandioseste Möglichkeit wird sich erfüllen. Die Welt enthält eine große Anzahl von Dingen – und diese meine großartigste Möglichkeit wird sich verwirklichen!

Und in der weichen schwarzen Nacht werde ich an der Seite des Mann-Teufels liegen – und mein Kopf wird in der Beuge seiner Schulter liegen, und meine Hand wird von seiner Hand umschlossen sein.

Ich werde hingerissen weinen. –

Wenn ich an all das denke und es aufschreibe, ist in mir ein Gefühl, das stärker ist als ein Schmerz.

Vielleicht könnte die allersüßeste, die zärtlichste, die barmherzigste und gütigste menschliche Stimme diese Dinge singen, diese Gefühle in ihre eigene wunderliche Musik übertragen, – und es würde in die Ferne hinausschallen – weit hinaus, – und Sie würden verstehen.

19. Februar

– Bin ich nicht unerträglich eitel?

20. Februar

Manchmal, wenn ich unter den Dingen der Natur umhergehe – den öden Dingen der Natur –, dann weiß ich, dass ich an Etwas glaube. Warum kann ich es nicht Gott nennen und es anbeten?

Es gibt Etwas – ich weiß es nicht mit dem Intellekt, aber ich fühle es – ich *fühle* es – mit meiner Seele. Es wirkt nicht so, als würde es sich zu mir herunterbeugen. Es hat kein Mitleid mit mir. Es sieht mich nicht zärtlich an in meinem Unglück.

Meine Seele fühlt einfach nur, dass es da ist.

Nein. Es ist nicht all-liebend, all-gütig, all-mitfühlend. Es tut mir weh – es tut mir ständig weh, während ich über den Sand dahingehe. Aber noch während es mir wehtut, scheint es etwas zu versprechen – ach, die wunderschönen Sachen, die es mir verspricht!

Und dann wird der Schmerz zur Qual – weil ich weiß, dass die Versprechen niemals erfüllt werden.

In mir gibt es etwas, das zieht, zieht, zieht, während die Tage dahingehen.

Es ist nicht der Schmerz meines Begehrens, auch nicht der Schmerz meiner Unruhe, auch nicht der Schmerz meiner Bitterkeit, auch nicht der des Hasses. Ich kenne sie alle mit ihrer jeweiligen Qual.

Dieses Ziehen ist eine eigene Art von Schmerz. Es ist ein Schmerz, den ich nicht kenne – den ich ahnungslos, aber scharf spüre, und ach, es ist Folter, Folter!

Meine Seele ist abgenutzt und müde von den Schmerzen. Es gibt kein Mitgefühl, keine Gnade für mich. Es gibt niemanden, der mir hilft, es zu ertragen. Es gibt nur mich, allein, da draußen im Sand und der Ödnis. Es ist grausame Qual, immer allein zu sein – und so lange – ach, so lange!

Neunzehn Jahre fühlen sich an wie eine Ewigkeit, wenn man neunzehn ist.

Wenn man neunzehn ist, hat man keine Erfahrung, die einem sagt, dass alles ein Ende hat.

Dieser ziehende Schmerz hat kein Ende.

– Ich fühle jetzt keine Tränen, aber schwere Schluchzer erschüttern mein Leben bis ins Zentrum hinein. –

Meine Seele wandert in einer Wildnis herum.

Manchmal gibt es ein großes Licht, das meine Seele anzieht. Wenn meine Seele sich ihm zuwendet, leuchtet es strahlend und blendend und schrecklich – und das abgenutzte, empfindliche Ding scheut davor zurück, es schaudert, es zagt.

Soll meine Seele denn dieses Licht kennenlernen müssen, unausweichlich? Muss sie eines Tages hineinstürzen?

Oh, es mag sein – es mag sein. Aber ich weiß, dass ich vor Schmerzen umkommen werde.

Manchmal ist das große Licht trüb und schön wie Sternenlicht – das Quälende daran – die grausame, unergründliche Schönheit!

– Verstehen Sie das? Dass ich hier meine junge, leidenschaftliche Lebensqual schildere? Hören Sie gleichmütig zu? Hat es für niemanden Bedeutung? Für mich bedeutet es alles. Für mich macht es aus dem Leben eine alte, lange Erschöpfung.

Vielleicht wissen Sie etwas davon. Und vielleicht würden Sie auch ein wenig mit mir weinen, wenn Sie Zeit hätten. –

Es ist, als wäre dieses Licht das Licht des Christentums – und das Christentum ist voller Hass. Es sagt: Kommt zu mir – die ihr schwer beladen seid, und ich werde euch Ruhe geben. Aber wenn man hingehen will, wenn man die müden Hände nach oben reichen möchte, schickt es einem ein allzu helles Licht – es macht einem schöne, wundersame Versprechen – es vertröstet einen. Man fleht es an, aus tiefstem Leiden –

Wo um mich die Wassermassen rollen,
während hoch und wild der Sturm noch tobt –[17]

aber es hört nicht zu – es ist ihm gleichgültig. Verehre mich, verehre mich, sagt es, aber ansonsten lass mich in Ruhe. Es gibt ein Buch mit Versprechen. Nimm es und danke mir und verehre mich.

Dem Licht ist es gleichgültig.

Wenn ich ihm gehorche, sieht es gleichmütig zu. Wenn ich ihm nicht gehorche, sieht es gleichmütig zu. Wenn ich trauere, sieht es gleichmütig zu. Wenn ich kurz glücklich bin, sieht es gleichmütig zu.

Ich bin alleingelassen – ganz allein.

Das Licht zeigt sich mir und ich greife danach, aber es befindet sich hoch oben, außerhalb meiner Reichweite.

Ich sehe die Versprechen in diesem Licht. O warum – *warum* macht es diese Versprechen! Ist nicht die Bürde des Lebens ohnehin schon mehr, als ich tragen kann? Und dann gibt es die Geschichte Christi. Sie ist schön. Sie ist verdammenswürdig schön. Sie entlockt mir Tränen des Schmerzes und sanften Leids, wie immer, wenn ich Schönheit sehe. Und wenn jeder meiner Nerven geschmolzen ist und überfließt, wird mir plötzlich bewusst, dass es eine Lüge ist – eine *Lüge*.

Wo ich mich hinwende, ist Nichts – Nichts.

Meine Seele heult ihr Leid hinaus, einsam.

Meine Seele wandert in der dunklen Wildnis umher und fragt und fragt unaufhörlich in blinder, dumpfer Todesqual: Wie lange? – Wie lange?

22. Februar

Das Leben ist eine erbärmliche Sache.

23. Februar

Ich stehe mitten in meinem Sand und meiner Ödnis und starre alles an, was sich in meinem Sichtfeld befindet – und verderbe mir die Augen, indem ich versuche, die Dunkelheit jenseits davon zu durchdringen.

Und fast immer empfinde ich eine undeutliche Verachtung für dich, du prächtige, starke Welt, – für dich und alles, was ich aus meiner Ödnis heraus sehe. Aber ich schwöre dir, wenn eines Tages jemand aus dir über den Sonnenuntergangshügel kommt und mich liebt, werde ich dir zu Füßen fallen.

Ich bin ein selbstsüchtiges, eingebildetes, freches kleines Tier, es ist wahr, aber schließlich bin ich auch nur eine große Zusammenballung von Begehren – und wenn jemand über den öden Hügel kommt, um dieses Begehren zu stillen, werde ich demütig sein in meinem Triumph.

Es ist sehr schwierig – äußerst schwierig – weiterzuleben, ein Jahr nach dem anderen, aus der Kindheit heraus in das Frausein hinein, ohne dass ein einziger anderer Mensch mein Leben teilt – allein zu sein, immer allein zu sein, wenn die einzige Freundin weg ist. Oh, ist es schwer! Besonders, wenn man nicht hochherzig und spirituell ist, wenn die Sehnsucht nicht einem Gott und einer Religion gilt, wenn man vor allem die Liebe eines menschlichen Wesens begehrt – wenn man eine Frau ist, die jung ist und allein. Sicherlich weißt du das. Schließlich gibt es einige Dinge, prächtige, starke Welt, die du sehr wohl weißt. Ob es dich in irgendeiner Weise kümmert, ist die andere Frage.

Du hast die Macht, dieses hölzerne Herz in deinen engen, erstickenden Griff zu nehmen. Du hast die Macht, mir dabei Schmerzen zuzufügen, und die Macht, es mit hinreißendem Zartgefühl zu tun. Aber ob du es tust, ist die andere Frage.

Vielleicht denken Sie schlecht von mir, schon bevor Sie das Ende dieser Schrift erreichen. Sie werden ganz recht haben – gemessen an Ihren Maßstäben. Aber manchmal sehen Sie Böses, wo nichts Böses ist, und denken Böses, wo das einzig Böse in Ihrem eigenen Gehirn ist.

Mein Leben ist ein trockenes und unfruchtbares Leben. Welt, du kannst das ändern.

Ach das wenige mehr, wie viel das ist!

Und das bisschen weniger, eine andere Welt.[18]

Ja, Welt, du kannst das ändern. Es ist schon Ungewöhnlicheres passiert. Wieder – ob du es willst – das ist eine andere Frage.

Sicher, ihr seid die Menschen, und die Weisheit stirbt mit euch. Ich stelle das nicht in Frage. Ich gebe alles zu und glaube alles, was ihr über euch behauptet. Ich will eure Weisheit, eure Urteile nicht. Ich will, dass jemand über den kahlen Sonnenuntergangshügel kommt. Meine Gedanken sind jugendliche Gedanken, und man sagt, dass das lange, lange Gedanken sind.

Dein Leben, Welt, ist bunt und voller Menschen. Mein Leben ist das Sandgrau und das Elend, und es besteht aus Mary MacLane, der Sehnsucht nach Glück und der Erinnerung an die Anemonendame.

Diese Darstellung ist meine tiefste Aufrichtigkeit, meine Tränen, Tropfen meines roten Bluts. Manches davon wird mir von mir selbst abgerungen – durch meinen Ehrgeiz, *alles* zu sagen. Es ist nicht ganz und gar gut, dass ich dir all das schenke, weil ich es doch nicht aus Liebe schenke. Ich gebe es im Tausch gegen ein paar bunte Frivolitäten. Ich will, dass du all diese Leidenschaften und Gefühle spürst. Ich gebe sie mit äußerster Freizügigkeit. Ich werde sehr wütend werden, wenn du sie nicht annimmst. Zugleich ist die Tatsache, dass ich meine Tränen und meine roten Blutstropfen gegen deine fröhlich-bunten Nichtigkeiten tausche, nicht gerade etwas, das mir Schauer des Glücks über den Rücken laufen lässt.

Aber es ist von geringer Bedeutung. Wenn der Teufel über den Hügel kommt mit seinem Glück, werde ich ihm Hals über Kopf entgegenstürzen – und nichts anderes wird mehr wichtig sein.

25. Februar

Mary MacLane – was bist du, du verlorenes, trostloses kleines Wesen? Warum bist du nicht ein Teil der galoppierenden Herde und in ihr? Warum separierst du dich von den anderen und stehst einsam vor dem Hintergrund eines düsteren Himmels? Warum kannst du nicht die Leben und Gefühle anderer junger Wesen teilen? Es gab Zeiten, in denen du jeden verzweifelnden Nerv angespannt hast, um es zu versuchen – bis dir klar wurde, dass diese Dinge nicht für dich waren, dass nur Mary MacLane allein Mitgefühl für dich hatte, und die einzigen Dinge, die dir bestimmt waren, die waren, die du dir selbst nahmst – nicht die, die dir gegeben wurden. Und für dich gab es wenige, wenige Dinge, du ausgehungerte, magere kleine Schlammkatze – du abgewetztes, jugendmüdes, unbekanntes kleines Genie!

O ermüdend, ermüdend ist das Warten – auf den Teufel.

Als ich heute über meinen Sand und meine Ödnis ging, fühlte ich unendliche Trauer.

Alles ist mir jenseitig.

Nichts gehört mir.

Meine einzige Freundschaft leuchtet hell vor mir und fasziniert mich – und ist immer gerade außer Reichweite.

Ich will die Liebe und Zuneigung von menschlichen Wesen, und ich stoße menschliche Wesen ab.

Ja, ich stoße menschliche Wesen ab.

Es ist an mir etwas, das unmerklich und fein und unverwechselbar abstößt.

Wenn mein Glück kommt, werde ich es haben können? Werde ich jemals etwas haben?

Diese Kraft der Abstoßung ist keine äußerliche Eigenschaft. Sie ist etwas, das von tief, tief im Inneren kommt. Sie ist etwas, das von Anfang an da war. Es hat etwas vom Ursprung.

Ich kann es nicht loswerden. Ich kann es nicht loswerden. Ich kann es nicht loswerden.

Oh, ich bin verdammt – verdammt!

In der ganzen Welt gibt es keine Seele, die etwas für mich fühlt, die mitfühlt – keine einzige von all den Millionen. Niemand versteht mich – *niemand*.

Sie sagen sich, dass ich mir das einbilde.

Was für ein Recht haben Sie, das zu sagen? Sie wissen überhaupt nichts über mich. Ich weiß alles über mich. Ich habe alle Teile und Phasen meines Lebens über Jahre hinweg studiert. Ich bilde mir nichts ein. Ich bin sogar Narr genug, um gegenüber manchen Dingen die Augen zu verschließen, bis ich ihnen, wie ich weiß, doch endlich begegnen muss. Ich bin gerädert von den Leidenschaften der Jugend, und ich bin jung an Jahren. Davon abgesehen bin ich reif – alt. Ich bin kein Kind, außer in meinen Leidenschaften und meinen Jahren. Ich fühle und erkenne alles durch und durch. Ich muss mir nichts einbilden. Mein inneres Leben spielt sich ja vor meinen Augen ab.

Es gibt etwas an mir, was niemand versteht. Kann jemals irgendwer verstehen? Werde ich nicht endlos und für alle Zeiten meine öde Straße alleine gehen?

Das verfolgt mich unaufhörlich. Es brennt wie ein glosendes Feuer, in jeder Stunde meines Lebens.

Oh, tiefschwarze Verzweiflung!

Wie ich leide, wie ich leide – nur daran, am Leben zu sein.

Ich fühle unendliche Trauer.

Oh, unendliche Trauer –

2. März

Oft verlasse ich am frühen Morgen mein Bett und kleide mich an und gehe hinaus in das Morgengrauen. Es ist am Morgengrauen etwas, das mich wünschen lässt, dass die Welt anhalten würde, dass die Sonne es nicht über den Rand schaffen würde, dass mein Leben im Morgengrauen ewig, ewig weitergehen und zur Ruhe kommen würde.

Im Morgengrauen wird alles Harte von einem grauen Mantel der Güte bedeckt, und es bleiben nur die leichten, undeutlichen, streichelnden Fantasien.

Manchmal denke ich, ich bin ein seltsames, seltsames Geschöpf – etwas, das weder von der Erde noch vom Himmel noch aus der Hölle kommt. Manchmal denke ich, ich bin ein kleines Ding, das versehentlich auf die Erde gefallen ist: etwas in fremde, unpassende Elemente Geworfenes, das zu nichts Verbindung hat, dessen Leben ein Kampf ohne Ende ist, dem jede kleine Tür verschlossen ist – jedes Warum unbeantwortet bleibt, und das selbst nicht weiß, wo es sein Haupt betten soll. In manchen Augenblicken fühle ich eine tödliche Gewissheit, dass es auf der ganzen weiten Welt keinen Moment Ruhe für mich gibt, dass es niemals Ruhe geben wird, dass meine Frauenseele immer weiter fragen wird, noch Jahrhunderte, nachdem mein Frauenkörper ins Grab gelegt wurde.

Ich fühlte das heute im Morgengrauen, aber der graue, gütige Schleier milderte das Gefühl ab. Immer fühle ich alles am schärfsten in der Dämmerung, aber immer ist da etwas, das den Schmerz lindert.

Die graue Stimmung war aufgeladen. Eine elektrische Spannung lag in der kalten, weichen Luft. Meine Nerven waren aufmerksam, lebendig. Aber zum Glück war der graue Schleier da. Ich fühlte nicht zu viel.

Wie wünschte ich, dass die schöne gelbe Sonne niemals über den Rand kommen würde, um mir meine unmittelbareren Leiden zu zeigen!

»Bleib bei mir, bleib bei mir, sanfte Dämmerung«, bettelte jedes meiner winzigen Leben. »Lass mich vergessen. Lass die Eitelkeit, den Schmerz, die Sehnsucht tief sinken und verschwinden – alles, alles! Und lass mich ausruhen mitten im Morgengrauen.«

Ich hörte Musik – die lautlose Musik unzähliger Stimmen, die man hört, wenn es ganz still ist. Eine von ihnen kam und flüsterte mir leise zu: »Leide nicht mehr, nicht jetzt, kleine Mary MacLane. Du leidest genug in der Sonnenhelligkeit und in der Schwärze der Nacht. Jetzt ist Morgengrauen. Ruh dich ein bisschen aus.«

»Ja«, sagte ich, »ich ruhe mich ein bisschen aus.«

Und dann schwoll der wilde Chor der Stimmen an und flüsterte in die Stille hinein: »Ruhe, ruhe, ruhe, kleine Mary MacLane. Leide in der Helligkeit, leide in der Schwärze – mit deiner Seele, deinem hölzernen Herzen, deinem Frauenkörper. Aber jetzt ein bisschen Ruhe – ein bisschen Ruhe.«

»Ein bisschen Ruhe«, wiederholte ich.

Und fing sofort an zu ruhen, ehe die Sonne allzu rasch über dem Rand auftauchen würde.

Wenn ich einmal im Sommer den Wind in einem Kiefernwald hörte, wie er eine wundersame Symphonie der Reinheit und Wahrheit pfiff, fühlte sich meine mehrdeutige Natur beschämt, und mein hölzernes Herz sank. Die Schönheit begeisterte meine Sinne, aber das Ganze schmeckte niederschmetternd nach der Tugend, die weit über und jenseits von mir ist, und ich fühlte eine gewisse wunde Trauer, nah am Verzweifeln.

Aber das Morgengrauen ist perfekt harmonisiert. Es ist ebenso schön wie der Wind in den Kiefern, und seine Wahrheit und Reinheit sind extrem sanft, und halb versteckt hinter dem grauen Vorhang.

Fast kann ich im Morgengrauen eine andere Mary MacLane sein. Lass mich all die vielfältigen Qualen meines Lebens vergessen. Lass mich inmitten dieser grauen Sanftheit gehen und von den Wassern der Lethe trinken.

Das Morgengrauen ist nicht das Paradies; es ist kein Tal des Glücks; es ist kein Garten von Eden; es ist kein Kaschmirtal. Es ist das Morgengrauen – weich, lieb, zärtlich. »Das strahlende, himmlische Gelb wird in Kürze erscheinen«, sagt es. »Du wirst bis zum Äußersten leiden. Aber jetzt bin ich hier – also ruh dich aus.«

Und so fand ich im Morgengrauen für einen Moment das Vergessen. Ich tauchte kurz in die Lethe, den Fluss der Auslöschung. Hätte ich jemanden gesehen, der vom nahen Horizont mit Glück dahergekommen wäre, hätte ich gebeten: Warte, warte, bis das Morgengrauen vorbei ist.

Das tiefe, tiefe Blau des Sommerhimmels rührt mich, ich empfinde halb schmerzliche Freude. Das kühle Grün eines schnellfließenden Flusses füllt mein Herz mit unruhigen Sehnsüchten. Das Rot, das Rot des Himmels bei Sonnenuntergang verzückt die Leidenschaften meines ganzen Körpers. Aber das liebe Morgengrauen bringt mir Ruhe.

Oh, süß ist das Morgengrauen – süß!

Könnte ich nicht aus Liebe dazu sterben!

Das Morgengrauen kann nichts Böses tun. Fingen jene vielen

Stimmen plötzlich an, ein lüsternes, böses Lied von der Macht des Bösen zu singen, das ich nicht verstünde, aber sofort fühlte, wäre trotzdem das Morgengrauen prächtig und süß und wunderschön gewesen.

Immer bewundere ich Mary MacLane sehr – obwohl ich sie in meiner Bewunderung doch auch wieder herzlich verachte. Aber in der Morgendämmerung liebe ich Mary MacLane zärtlich und leidenschaftlich.

Ich nehme eine seltsame, ruhige Gleichgültigkeit ein gegenüber allem in der Welt, außer eben Mary MacLane und dem Morgengrauen. Wir zwei sind miteinander identisch und verbunden in schattengleicher Undeutlichkeit, getrennt vom Rest der Welt.

Als ich in der Morgendämmerung über meinen Sand und meine Ödnis ging, lief ein Gedicht ohne Pause durch mein Bewusstsein. Es drückte mir in meinem grauen Zustand ein ideales Leben aus, samt Tod und Ende. Jedes Begehren meines Lebens schmolz im Morgengrauen dahin, bis auf den einen Wunsch, dass mein eigenes Leben und mein Tod kurz und unbekannt und ihnen ganz gleich sein möchten. Das Gedicht war dieses wunderschöne von Charles Kingsley:

»O Mary, geh und ruf die Rinder heim,
ruf die Rinder heim,
ruf die Rinder heim,
über die Watten von Dee!«
Der Westwind war wild und schwer von Schaum,
und ganz allein ging sie.
Die hohe Flut kroch über den Sand
und über und über den Sand,
und um und um den Sand,
so weit ein Auge nur sah;
der blendende Nebel stieg auf und versteckte das Land –
nie wieder nach Hause kam sie.

Ist es Tang, oder Fisch, oder schwebendes Haar?
Ein schimmernder Strang von goldenem Haar
Ertrunkener Mädchen Haar
über den Netzen im Meer
Nie glänzte ein Lachs so golden empor
unter den Pfählen auf Dee.
Sie ruderten sie über rollenden Schaum,
den grausamen, schleichenden Schaum,
den grausamen, hungrigen Schaum,
und setzten ein Grab ihr neben dem Meer;
Doch immer noch hören die Seefahrer oft,
wie sie die Rinder nach Hause ruft,
über die Watten von Dee.

Das ist ein vollendetes Gedicht. Und im Morgengrauen drückt es mir eine äußerst begehrenswerte Sache aus – ein kurzes, ereignisloses Leben, ein plötzliches Aufhören, und eine vergessene Stimme, die noch manchmal ruft. Diese Mary im Morgengrauen würde sich nichts anderes wünschen. Wenn jetzt die Wasser über mich rollten – über mein kurzes, ereignisloses Leben –, gäbe es ein plötzliches Aufhören – und die Anemonendame würde manchmal meine Stimme hören und sich an mich erinnern – die Anemonendame und noch ein oder zwei andere. Und nach kurzer Zeit würde sogar meine pathetische, leidenschaftliche Stimme ersterben und vergessen werden, und meine Welt voll Sand und Ödnis würde mich und mein müdes kleines Trauerspiel von Leben nicht mehr kennen.

Und umso besser für mich, sage ich, – im Morgengrauen.

Es ist anders – oh, ganz anders – wenn das Gelb durch das Grau bricht. Und das Gelb ist den ganzen Tag lang bei mir, und bei Sonnenuntergang – die rote, rote Linie!

Aber – o süßes Morgengrauen –

Manchmal packen mich unmittelbarere, lebhaftere Anwandlungen von Liebe zu meiner einen Freundin, der Anemonendame.

Sie ist so lieb – so schön!

Meine Liebe zu ihr ist etwas Eigentümliches. Es ist nicht die übliche Frauenliebe. Es ist etwas, das mit einer lebhaften, eigenen Flamme brennt. Die Anemonendame ist in einem Schrein in einem Tempel im Inneren meines Herzens, der auf ewig nur ihr gehören wird.

Sie ist meine erste Liebe – meine einzige Geliebte.

Der Gedanke an sie erfüllt mich mit einer Vielzahl von Gefühlen, leidenschaftlich, aber wunderbar zart, – mit Entzücken, mit seltenen, undefinierten Emotionen, mit einer Andeutung von Tränen.

– O liebste Anemonendame, werde ich je dein wunderschönes Gesicht vergessen können! Es mögen einige lange, stark bevölkerte Jahre vor mir liegen; Menschen, die kommen und gehen – aber oh nein – nein, ich werde nie vergessen! In meinem Leben wird immer der schwache, süße Duft der blauen Anemone hängen: die Erinnerung an meine eine Freundin.

Bevor sie fortging, war es ein Ereignis in meinem Leben, sie zu sehen, in ihrer Nähe zu sein – Farbe kam in die Ödnis. Immer wenn ich sie ansah, raste ein ganzer Zug von Dingen durch mein Bewusstsein, eine verschwommen glitzernde Prozession, die nur mit ihr kam, und die immer von lebhaftem Interesse für mich war.

In diesem Zug gab es zahlreiche Schätze verschiedener Art. Es gab Himmel, in denen Saphire prangten, und es gab Lilien und taubenetzte Veilchen. Es gab Geigenmusik und wunderbare Gräser aus der Meerestiefe und Troubadourgesänge und glänzende weiße Statuen. Es gab uralte Eichenwälder und Clematisranken; es gab Zitronenbäume und zinnenbewehrte Paläste und alte, moosbedeckte Burgen mit Burggräben und Zugbrücken und kleinen Stabwerkfenstern, verglast im Diamantenmuster. Es gab einen kalten, glitzernden Wasserfall, weiß schäumend, und ein kleines, grünes Boot, das weit flussabwärts unter Trauerweiden dahintrieb. Es gab einen Baum mit goldenen Äpfeln und ein Festmahl in einem herrlichen Haus mit den schmelzenden Melodien von Lauten und Harfen und Orangenglühwein in langen dünnen Gläsern. Es gab ein Feld mit langem, feinem Gras, weich wie Fledermauswolle, und Vögel mit buntem Gefieder – scharlachrot und indigo mit goldenen Flügelspitzen.

All diese und noch tausend ähnliche Fantasien, die alle undeutlich glitzerten, rasten über mich hinweg, wenn ich mit der Anemonendame zusammen war. Immer war mein Gehirn in einem sanften Delirium. Meine Nerven waren unruhig.

– Das war, weil ich sie liebe. –

Oh, es kann nicht – niemals – eine zweite Anemonendame geben!

Mein Leben ist eine Wüste – eine Wüste, aber der feine, anhängliche Duft der blauen Anemone reicht bis an ihre äußersten Grenzen. Und in der Wüste ist wegen dieses Parfums nichts mehr wie zuvor. Jahre lassen das Blau der Anemone nicht verblassen, tausend bittere Winde können den seltenen Duft nicht verjagen.

In der Anemonendame fühle ich eine seltsame sexuelle Anziehung. In mir ist ein maskulines Element, das sich erhebt, wenn ich an sie denke, und alle anderen überschattet.

»Warum bin ich nicht ein Mann«, sage ich zum Sand und zur Ödnis mit einer gewissen angestrengten, angespannten Leidenschaft, »sodass ich dieser herrlichen, lieben, köstlichen Frau eine absolut perfekte Liebe schenken könnte!«

Und das ist mein vorrangiges Gefühl für sie.

Also ist es nicht die Frauenliebe, sondern die Männerliebe, die in den geheimnisvollen Empfindsamkeiten meiner Frauennatur steckt. Sie bringt mir Schmerzen und Lust, auf jene uralte Art vermischt.

Glauben Sie denn, ein Mann ist das einzige Geschöpf, in das man sich verlieben kann?

– Oft sehe ich einen langen Lichtstrahl über die Wüste kommen. Meine Seele neigt sich ihr zu und scheut vor ihr zurück, wie vor allen Lichtern. – Eines Tages werden sich vielleicht all diese Lichter in einer schrecklichen weißen Aufschäumung zusammenballen und über meine Seele hinwegstürzen und sie töten. – Aber so viel Schmerz bringt dieses Licht nicht, denn es ist weich und silbrig, und immer in ihm ist die Seele der Anemone.

8. März

Es gibt auf der Welt ein paar Dinge, gegen die ich, vom Geschlecht der Frauen und neunzehn Jahre alt, eine starke Abneigung gefasst habe. Genauer gesagt ist mir das Gefühl angeboren; der Same musste nicht erst gesät werden.

Oft skandiert mein Bewusstsein seine eigene innige Litanei, die in etwa so geht:

Von guten Katholiken und tugendhaften Christen: gütiger Teufel, erlöse mich.

Von Frauen und Männern, die nach Moschus riechen; von kleinen Knaben mit langen Locken; von der Art von Leuten, die die Figur einer Frau ihre »Form« nennen: gütiger Teufel, erlöse mich.

Von allen süßen Mädchen; von »Gentlemen«; von femininen Männern: gütiger Teufel, erlöse mich.

Von schwarzer Unterwäsche – und jeder Farbe außer weiß; von Hüften, die wackeln, wenn man geht; von Menschen mit fischigen Augen; von den Büchern von Archibald C. Gunter und Albert Ross: gütiger Teufel, erlöse mich.

Von den sanften, penetranten, nervtötenden Blicken der Wasserkarrenführer: gütiger Teufel, erlöse mich.

Von Strümpfen aus schottischem Zwirn; von runden, engen Strumpfhaltern; von glänzenden Messinggürteln: gütiger Teufel, erlöse mich.

Von fadem süßem Wein; von Männern mit Schnurrbärten; von der Art Leute, die zu Beinen »Glieder« sagen; von schmutzigen weißen Unterröcken: gütiger Teufel, erlöse mich.

Von unreifen Bananen; von Menschen ohne Bad; von einer vorne angeschrägten Taillenlinie: gütiger Teufel, erlöse mich.

Von einem alltäglichen Mann; von einem schwachen Magen, schwachen Augen und schwachen Füßen: gütiger Teufel, erlöse mich.

Von rotem Notizpapier; von einem mit Strass besetzten Kamm in meinem Haar; von Hochzeiten: gütiger Teufel, erlöse mich.

Von Dorschfrikadellen; von gebratenen Auberginen, gebratenem Rindersteak, gebratenen Schweinekoteletts und gebratenem French Toast: gütiger Teufel, erlöse mich.

Von Wachsblumen auf einer Hochzeitstorte, unter Glas; von Schuhen mit dünnen Sohlen; von Bandwürmern; von Fotografien, die die Wände meines Hauses bedecken: gütiger Teufel, erlöse mich.

Von weichen alten Junggesellen und weichen alten Witwern; von jeglichem männlichem Exemplar, das eine blassblaue Krawatte trägt; von unerträglichen Vortragenden, die »Heute Abend Gibt Es Keine Ausgangssperre« rezitieren und »Lippen, die vom Alkohol gekostet haben, sollen die meinen niemals berühren«; von einer Heilsarmee, die Kirchenlieder im Slang intoniert: gütiger Teufel, erlöse mich.

Von Leuten, die darauf bestehen, meinen guten Körper »bloß vulgären Lehm« zu nennen; von Idioten, die alles über mich zu wissen scheinen und mich anflehen, meine Augen nicht in heißem Wasser zu waschen, weil es ihren eigenen wehtut; von Dummköpfen, die mir sagen, was ich tun »wolle«: gütiger Teufel, erlöse mich.

Von einem netten jungen Mann; von Blechlöffeln; von populären Liedern: gütiger Teufel, erlöse mich.

Von freundlichen alten Damen, die unzählige langweilige, offensichtliche Lügen erzählen; von Männern, die ihre Uhrenketten über ihre Leibesmitte drapieren; von manchen Bildern der Alten Meister, die ich nicht zu schätzen weiß; von Damensätteln: gütiger Teufel, erlöse mich.

Von der Art von Mann, die »Oh, Promise Me!« singt – es ansingt, und dann daran herumsingt; von verstopften Schneidern; von Leuten, die ihre Haare nicht oft genug waschen: gütiger Teufel, erlöse mich.

Von einem Dienstmädchen mit falschen Zähnen; von Menschen, die sich regelmäßig ölige Mischungen ins Gesicht schmieren; von einem Bett, das in der Mitte absinkt: gütiger Teufel, erlöse mich.

Und so weiter und so weiter und so fort. Und bei jeder Bitte bin ich zutiefst aufrichtig. Aber lieber Teufel, bring mir nur Glück, und ich lasse mich gerne von all diesen Dingen belästigen. Zwei Tage Glück, gnädiger Teufel, und dann, wenn du es so willst, schmachtende Witwer und Strümpfe aus schottischem Zwirn, für den Rest meines Lebens.

Und beeil dich, lieber Teufel, sei so gut – denn ich bin müde.

9. März

Es erstaunt mich, wie viele verachtenswerte, kleinliche Eitelkeiten sich in den Ecken und Falten meines Genies eingenistet haben. Mein Genie selbst ist eine einzige große gute Eitelkeit – aber sie ist nicht verachtenswert. Und sogar jene kleinen Eitelkeiten – wenn sie auch nichtswürdig sein mögen, verachte ich sie keineswegs. Ich muss oft unwillkürlich lächeln angesichts ihrer Absurdität, aber ich weiß wohl, dass sie schon ihren Zweck haben.

Sie sind meinem Denken eigentümlich, meinem Menschsein, und darin liegt ihr Nutzen. Wenn dieses Bewusstsein die Hand nach etwas ausstreckt und nur Wüstenei und Nichts vorfindet und die Hand leer zurückzieht, kann es nur – wie meine Seele – sich gegen sich selbst zurückwenden. Und dort findet es diese zahllosen kleinen Eitelkeiten, die es stillen und trösten. – Meine Seele verfügt über keine Eitelkeit und hat nichts, nichts, was sie beruhigen kann. Meine Seele nutzt sich ab, nagt an sich, bis nichts mehr übrig ist. – Diese Eitelkeiten sind ein kläglicher Ersatz für die rosigen Schätze, die sie in weiter Ferne sieht und von denen sie in ihrer Narrheit denkt, sie könnte sie sogar vielleicht einst erreichen, wenn sie nur weiter danach hascht. Aber die Eitelkeiten sind etwas. Sie verhindern, dass mein herumirrendes, analytisches Gehirn ein großes Nichts vorfindet, wenn es sich zu sich selbst hinwendet.

Wäre ich nicht unaufhörlich so vertieft in mein Elend und meine Einsamkeit, würde mein Denken wunderschöne, kristalline Logik produzieren. Ich bin ein Genie – ein Genie – ein Genie. Nach allem Vorangegangenen ist Ihnen vielleicht immer noch nicht klar, dass ich ein Genie bin. Es ist schwer zu zeigen. Aber ich fühle es, in mir. Es reicht mir, dass ich es fühle.

Ich bin ein Genie nicht deshalb, weil mir alles in der Welt fremd ist, auch nicht, weil ich intensiv bin oder leide. Man kann all das sein und doch nicht über diese herrliche Kraft der Wahrnehmung verfügen. Mein Genie beruht auf nichts. Es wurde in mir geboren, wie die Keime des Bösen in mir geboren wurden. Und mein eigenes Genie wurde sonst niemandem gegeben. Das Genie selbst ermöglicht mir diese Überzeugung.

Es ist hoffnungslose, endlose Einsamkeit!

Meine Vorfahren im schottischen Hochland – manche von ihnen – waren mit dem sechsten Sinn begabt. Mein Genie gleicht nicht im Geringsten dem sechsten Sinn. Das riecht nach dem Übersinnlichen, dem Mysteriösen. Mein Genie ist solide irdische Wahrnehmung, ohne Anflüge von Geheimnis oder etwas Okkultem. Es ist ein innerer Sinn, der es mir ermöglicht, Dinge zu fühlen und zu wissen, die ich niemals sonst denken, schon gar nicht formulieren könnte. Es zwingt mich dazu, mit tödlicher Präzision jede winzige scharfe Verdammnis in meinem schrecklichen, einsamen Leben zu kennen und zu analysieren. Es ist ein Spiegel, der mir mich selbst und etwas in mir in einem gnadenlos hellen Licht zeigt, und der Anblick macht mich sofort krank und wütend und erfüllt mich mit einem namenlosen Weh. Es ist etwas unaussprechbar Schreckliches. Der Anblick tötet in meinem Bewusstsein jeden Gedanken. Er friert meinen Verstand und meinen Intellekt ein. Logik kann mir nicht zu Hilfe kommen. Ich kann nur fühlen und die Sache erkennen, wie sie sich vor meinen Augen auseinandersetzt.

Ich bin damit allein – allein, allein, allein! Keine gnadenreiche Hand streckt sich von den Höhen herunter – es gibt keine Menschenseele – da ist Nichts.

Wie kann ich es ertragen! Oh, ich frage Sie – wie kann ich es ertragen!

10. März

Mein Genie ist ein Element für sich und ich kann es in noch so vielen Worten nicht erklären. Aber es macht sich an jedem Punkt des Lebens bemerkbar. Dieses Buch wäre ganz anders, wäre ich nicht ein Genie – obwohl ich kein literarisches Genie bin. Die Leute, die mit mir in Kontakt kommen und mich ein paar gewöhnliche Bemerkungen sagen hören, fühlen sofort, dass ich außergewöhnlich bin.

Ich bin außergewöhnlich.

Ich habe voll Sehnsucht und Leidenschaft versucht zu denken, dass wenigstens dieser Sand und diese Ödnis mir gehören. Aber ich kann es nicht. Ich weiß ohne den kleinsten Schatten eines Zweifels, dass sie, wie alles, was gut ist, außerhalb meiner Reichweite bleiben. Sie haben etwas, das ich auch habe. Darin allein besteht der Bund unserer Sympathie.

Aber der Sand und die Ödnis gehören nicht mir.

Immer denke ich, dass auf der Welt nur ein Bild in seiner Kunst vollkommener ist als das von mir in meinem Sand und meiner Ödnis. Nämlich das Bild von Christus, der mit zwei Dieben ans Kreuz genagelt wurde. Nichts könnte göttlicher und passender sein. Die Kunst darin ist hinreißend vollkommen. Es ist eines der wenigen perfekten Bilder, die der Welt in all der Zeit vorgesetzt wurden. Wenn ich es vor meinem geistigen Auge sehe, kann ich nur an seine schiere Vollkommenheit denken. Ich kann in mir kein Gefühl der Trauer über die Tat heraufbeschwören. Die Tat wie die Kunst sind vollkommen. Die Vollkommenheit raubt mir die Sinne.

Und in mir fühle ich, dass das Bild von mir in meinem Sand und in meiner Ödnis – wissend, dass sogar der Sand und die Ödnis nicht mein sind – nur an zweiter Stelle steht.

11. März

Manchmal wenn ich in die Ödnis hinauslaufe, wandert mein Bewusstsein weit in die Ferne.

Heute ging es nach Griechenland.

Oh, es war sehr schön in Griechenland!

Da war ein weiter, langer Himmel, der lebhaft, herrlich blau war. Und da war ein grenzenloses Meer, grau und grün. Und es erstreckte sich weit nach Süden. Der Himmel und das Meer breiteten sich in die ungeheure Welt aus – zwei wunderschöne Elemente, und sie verliebten sich ineinander. Und je weiter sie sich entfernten, desto näher gerieten sie aneinander, bis sie sich schließlich trafen und umschlossen, tief in der Ferne. Es gab hohe dunkelgrüne Bäume jener Arten, die man nur in Griechenland sieht. Sie murmelten und flüsterten in der Stille. Der Wind kam vom Meer und strich über sie und um sie herum. Sie zitterten und schauderten in schüchterner, ekstatischer Freude – denn der Wind war ihnen der Liebste. Es gab moosige Uferhänge von tiefem Smaragdgrün und goldene Blumen, die ihre schweren, sinnlichen Köpfe über die feuchte schwarze Erde hängen ließen. Und auch sie liebten einander und waren beisammen und froh. Wolken hingen tief über dem Meer und waren dunkelgrau und schwer vom Regen. Aber die Sonne schien hinter ihnen hervor, von Zeit zu Zeit, mit Bronze- und Kupferstrahlen. Drei weiße Felsen ragten aus dem Meer hervor, und die Bronze- und Kupferstrahlen fielen auf sie, und schon waren sie aus Gold.

Oh, wie schön waren diese drei goldenen Felsen, die aus dem Meer hervortauchten!

Aphrodite tauchte einst aus ebendiesem Meer auf. Sie kam glänzend näher, mit goldenem Haar und wunderschönen Augen. Ihre Haut glühte mit einem Hauch von Karmin und Wildrose. Ihre weißen Füße berührten den glatten, gelben Sand des Ufers. – Die weißen Füße der Aphrodite auf dem gelben Sand ergaben ein Bild von wundersamer Schönheit. – Ihre Haut war rosig, sie glühte vor Freude am neuen Leben.

Aber die Bronze- und Kupfersonne auf den drei weißen Felsen war noch schöner als Aphrodite.

Ich stand am Ufer und blickte auf die Felsen. Mein Herz zog sich mit jenem Schmerz zusammen, der von schönen Dingen erweckt wird.

Die Bronze und das Kupfer im weiten, grauen, grünen Meer!

»Das ist das Tor zum Himmel«, sagte ich mir. »Hinter diesen drei goldenen Felsen gibt es Musik und die hellen Töne glücklicher Stimmen.« Meine Seele wurde zaghaft. »Und dort ist kein Sand und keine Ödnis und kein Nichts und keine Bitterkeit und keine heißen, blendenden Tränen. Und da sind keine kleinen herzmüden Kinder und keine einsamen jungen Frauen, oh, da ist überhaupt keine Einsamkeit!« Meine Seele wurde immer zaghafter, je länger ich daran dachte. »Und dort ist kein Herz, das nicht rein und voller Jubel und erfüllt mit Frieden ist – mit langem, stillem, ewigem Frieden. Und jedes Leben kommt dort in sein Recht; und jeder Ruf der Erde wird beantwortet, und jeder Schmerz der Erde wird beendet, und der dunkle Geist der Trauer, der immer über der Erde hängt, ist fort – fort, – jenseits des Tors zum Himmel. Und mehr als alles andere ist da Liebe; sie wandelt unter den Bewohnern. Die Liebe ist eine leuchtende Figur mit Strahlenhänden, und sie berührt sie alle mit ihren Händen, sodass unsterbliche Liebe in ihre Herzen eindringt. Und die Liebe aller zueinander unterscheidet sich nicht von der Liebe jedes Einzelnen zu sich selbst. Und hier endlich ist Wahrheit. Auf der Erde sucht und sucht man nach der Wahrheit – wer hat sie je gefunden? Aber hier ist sie, auf der anderen Seite des Tors zum Himmel. Die, die eintreten, wissen, dass hier endlich die Wahrheit ist.«

Und so gibt es Frieden und Liebe und Wahrheit hinter den drei goldenen Felsen.

Und dann konnte meine Seele den Gedanken daran nicht mehr ertragen.

Plötzlich verschwand die Sonne hinter einer schweren, dunkelgrauen Wolke, und die Bronze- und Kupferstrahlen verblassten auf den drei Felsen und ließen sie weiß zurück – sehr weiß im weiten Wasser.

Die gelben Blumen legten schläfrig die Köpfe auf das smaragdene Moos. Der Wind, der vom Meer kam, spielte sehr sanft um die regungslosen Zweige der hohen Bäume. Der blaue, blaue Himmel und das weite, graugrüne Meer umschlossen einander noch enger und vermischten sich miteinander und wurden zu einem einzigen vagen, schattigen Element – und von all dem holte ich meine Augen über Tausende Seemeilen zurück zu meinem Sand und meiner Ödnis.

Der Sand und die Ödnis sind ein Element für sich. Und ich kenne es schon sehr, sehr lange.

Alles ist so trübe – so trübe.

Ich möchte heute sterben. Ich wäre nachher kein bisschen weniger unglücklich – aber dieses Leben ist unaussprechlich ermüdend. Ich bin nicht stark. Ich kann Sachen nicht ertragen. Ich will Sachen nicht ertragen. Ich sehne mich nicht nach Kraft. Ich möchte glücklich sein.

Als ich sehr klein war, war es auch kalt und trübselig, aber ich war sicher, dass es anders werden würde, wenn ich erst älter und zehn Jahre alt würde. Es muss sehr schön sein, zehn zu sein, dachte ich – und dann wäre man viel weniger einsam. Aber die Jahre vergingen und als ich zehn war, war es genauso einsam. Und als ich zehn war, war alles sehr schwer zu verstehen.

Aber es wird mit Sicherheit anders sein, wenn ich siebzehn bin, sagte ich, – ich werde so viel wissen, wenn ich siebzehn bin. Aber als ich siebzehn war, war es noch einsamer, und alles war noch schwerer zu verstehen.

Und wieder sagte ich mir – verzagend –, alles wird sich in ein paar weiteren Jahren klären, und ich werde mich wundern, wie dumm ich immer gewesen bin. Aber jetzt sind diese paar Jahre auch noch vergangen, und hier bin ich in einer Einsamkeit, die noch hoffnungsloser und schwerer zu ertragen ist als damals, als ich sehr klein war. Trotzdem wundere ich mich, wie dumm ich immer gewesen bin – und jetzt bin ich nicht mehr so dumm. Ich sage mir nicht, dass es anders sein wird, wenn ich fünfundzwanzig bin.

Denn ich weiß, es wird nicht anders sein.

Ich weiß, dass es dieselbe Trübsal sein wird, dasselbe Nichts, dieselbe Einsamkeit.

Es ist sehr, sehr einsam.

Es ist vertagte Hoffnung, die das Herz krank macht.[19]

Es ist mehr, als ich ertragen kann.

Warum – *warum* bin ich je auf die Welt gekommen!

Ich kann nicht leben, und ich kann nicht sterben – denn was gibt es, wenn ich tot bin? Ich sehe mich schon durch dunkle und einsame Gefilde herumwandern.

Und doch würde ich heute gerne sterben.

13. März

Wenn es nur der Schmerz allein wäre, den man aushalten muss, könnte man ihn aushalten. Man könnte den Sinn für alles außer Schmerz verlieren.

Aber der Schmerz ist mit anderem vermischt. Der Sinn für Schmerz ist vermengt mit dem Sinn für Schönheit und dem Sinn für die Anemone. Und dann gibt es noch jenen geheimnisvollen Schmerz.

Wer kennt den Namen jenes geheimnisvollen Schmerzes?

Es sind diese vermengten Sinneseindrücke, die mich quälen.

14. März

Ich bin in diese Welt gesetzt worden, ausgestattet mit sehenden Augen und hörenden Ohren, und ich bitte um Leben. Ist das verwunderlich? Ist es so seltsam? Soll ich mich mit Sehen und Hören allein zufriedengeben? Für andere Leute gibt es anderes. Ist es ein Verbrechen, dass ich auch um etwas anderes bitte?

Ist dein Diener ein Hund?[20]

15. März

In diesen Tagen, in denen die emotionale Natur immer näher kommt, beginnen sogar der Sand und die Ödnis, sich zu regen und die Augen zu reiben.

Mein Sand und meine Ödnis sind gekleidet in die furchterregende Majestät von Äonen ohne Zahl. Ihr Bestand überdauert den endlosen Marsch der Lebenden und der Toten. Es mag hier einst grün gewesen sein – grün und fruchtbar. Vögel und Schlangen und alles, was das Grün liebt, mögen hier gelebt haben. Einst mag hier rollende Prärie gewesen sein.[21] Vielleicht wurde sie von Fluten begraben. Sie veränderte sich und wandelte sich im Lauf der Jahrhunderte. Jetzt sind hier Sand und Ödnis und es gibt keine Vögel und keine Schlangen; nur mich. Aber welche Veränderung diesen Ort auch immer befiel, wie immer seine Verwandlung vor sich ging, sein Geist ist nicht fortgegangen. Flut oder Fruchtbarkeit oder rollende Prärie oder Ödnis – er ist nur er selbst. Er hat ein großes Selbst, ein wunderbares Selbst.

Nie werde ich euch vergessen, mein Sand und meine Ödnis.

Wird mein durstiges Leben je an Wasser kommen, mein verhungerndes Herz gefüttert werden, meine fragende Stimme eine Antwort erhalten, meine müde Seele in die Wärme einer anderen hereingelassen werden mit der berauschenden Süße der Liebe?

Vielleicht.

Aber ich werde den Sand und die Ödnis, die bei mir im Nichts sind, immer im Gedächtnis behalten. Der Sand und die Ödnis und die Erinnerung an die Anemonendame sind alles, was ich in jeglicher Hinsicht besitze.

Also werde ich sie im Gedächtnis behalten.

Wenn ich in diesen Tagen zwischen den verödeten Gruben stehe und die langsam erwachenden Hügel Montanas betrachte, höre ich das hohe, anschwellende, halb müde, halb hoffnungsvolle Lied der Erde. Beim Hören weiß ich, dass es Sachen gibt, nicht nur Tugend, Wahrheit und Liebe, die nicht für mich sind. Wie diese unerreichbar ist mir auch der unzerbrechliche, unsterbliche Bund menschlicher Kameradschaft – eine Sache so alt wie die Welt.

Er ist unerreichbar, und er ist mir nichts.

In meinen intensivsten Wünschen – in meinen unbestimmtesten Sehnsüchten – gehe ich nie über das *Selbst* hinaus. Das Ego ist alles.

Legionen von Frauen und Männern ohne Ende sind vereint in Erschöpfung und Freude. Sie töten einander und foltern einander und sinken traurig in den Staub. Aber sie sind eins. Ihre rechten Hände sind verbunden in unsichtbarer Sympathie und Verwandtschaft.

Aber meine zwei Hände sind getrennt und aneinandergedrückt in Sterbensqualen der Einsamkeit.

Ich habe von Frauen gelesen, die auf starke und grandiose Weise mutig waren. Manchmal habe ich davon geträumt, mutig zu sein. Die Möglichkeiten dieses Lebens sind prächtig.

Von diesen Todesqualen durchdrungen zu sein, sage ich manchmal, und das alles zu ertragen; nicht darunter abzusacken, sondern sie zu besiegen, und aus ihnen die Grazie und die Verführungskraft meines ganzen Lebens von Anfang bis zum Ende zu machen!

Vielleicht könnte eine Frau das – eine echte Frau.

Aber ich? – Nein. Ich bin nicht echt – Ich komme mir selbst nicht *echt* vor. In Sachen wie diesen ist mein Leben ein leeres Blatt.

Es gab Charlotte Corday[22] – eine Heldin, die ich mehr als alle anderen bewundere. Und mehr noch als eine Heldin war sie eine Frau. Und sie hatte ihre Todesqualen. Sie bestanden aus der Liebe zu ihrem schönen Land.

Zu leiden und zu schaffen und zu sterben aus Liebe zu etwas! Es ist glorreich! Wie erhaben ekstatisch muss heute die Seele von Charlotte Corday sein!

Und ich – mit all meinen vielen Leidenschaften – ich bin ein Feigling.

Ich hatte Momente, in denen es mir schien, vage und von weit her, als könnte es für mich Mut und Hochstimmung geben, – als könnte ich über mich selbst weit hinausgehen. Ich habe unaussprechliche Möglichkeiten gespürt. Solange sie reichten – was war es für ein wunderbares Gefühl, das ich fühlte?

Aber sie sind nicht wirklich.

Sie verblassen – sie vergehen.

Und wieder kommen die buntgemischten Phänomene meines Lebens, um mich zu verwirren und zu ängstigen.

Verwirrung! Chaos! Verdammnis! Es sind jetzt nicht mehr Momente des Jubels. Arme kleine Mary MacLane!

Wäre tun so leicht wie Besserwissen,
wären Kapellen Kirchen, und die Hütten der Armen
glichen Palästen.[23]

Ich weiß nicht, was ich tun soll.

Ich weiß nicht, was gut wäre.

Ich würde, wenn ich es wüsste, auch nichts tun.

Vielleicht füge ich zu meiner Litanei noch das hinzu: gütiger Teufel, erlöse mich – von mir selbst.

16. März

Heute ging ich über den Sand und es war fast schön. Die Sonne ging gerade unter und der Himmel war voll mit Rosen und Gold.

Dann kam meine Seele und baute sich vor mir auf. Meine Seele ist herrlich schön. Sie ist wie eine junge Frau. Ihre Schönheit ist zu groß, als dass menschliche Augen sie sehen könnten. Für meine ist sie zu groß. Trotzdem schaue ich hin.

Meine Seele sagte zu mir: »Ich bin krank.«

Ich antwortete: »Ich bin auch krank.«

»Wir können gesund sein«, sagte meine Seele. »Warum sind wir nicht gesund?«

»Wie können wir gesund sein?«, fragte ich.

»Wir können all unsere Eitelkeit und unseren falschen Stolz wegwerfen«, sagte meine Seele. »Wir können ein neues Leben anfangen. Wir können lernen abzuwarten und uns geduldig zu beherrschen. Wir können arbeiten und alles überwinden –«

»Wir können das alles nicht«, rief ich. »Habe ich nicht in meinem kurzen Leben schon alle diese Methoden irgendwann probiert? Und habe ich nicht gewartet und gewartet, bis du schon ganz schwach vor Schmerzen geworden bist? Habe ich nicht geschaut und mich gesehnt? Liebe Seele, warum gibst du dich nicht zufrieden? Warum kannst du nicht ruhig bleiben und dich und mich nicht weiter bekümmern? Warum streckst und reckst du dich immer nach irgendwas? Es gibt nichts für dich. Du machst dich nur müde.«

Meine Seele antwortete: »Ich mag mich strecken und recken, bis nur noch ein abgezehrter Nerv von mir übrig bleibt. Und dieser eine Nerv mag mit Peitschen gestraft und mit Feuer gesengt werden. Aber ich werde mir ein Atom des Glaubens bewahren. Ich mag böse werden, aber ich werde mir ein Atom des Glaubens an die Liebe und an die Wahrheit, die die Liebe ist, bewahren. Du bist ein Genie, aber ich bin kein Genie. Die Jahre – eine Million Jahre – mögen ihr Äußerstes tun, um diesen einen Nerv zu zerstören. Mögen sie ihn peitschen und schlagen. Ich werde mein eines Atom des Glaubens behalten.«

»Weise bist du nicht«, sagte ich. »Schon lange wanderst du herum, voller Sehnsucht nach einer Zeit, die wie tausend Jahre erscheint – durch meine kalte, dunkle Kindheit hindurch bis in meine kalte, dunkle Frauenexistenz hinein. Reicht dir das nicht, um endlich still zu sein? Reicht das nicht, um dir beizubringen, was Nichts ist? Du bist kein Genie, aber du bist doch auch kein Narr.«

»Ich werde mein eines Atom des Glaubens behalten«, sagte meine Seele.

»Aber leg dich jetzt hin und schlaf«, sage ich. »Hör auf, nach jenem Licht zu greifen. Lass uns beide ein paar Jahre lang schlafen.«

»Nein«, sagte meine Seele.

»O meine Seele«, heulte ich, »schau in jenen glühenden kupfernen Horizont – und darüber hinaus. Lass uns jetzt dort hingehen und uns unendlich ausruhen. Jetzt! Wir können das hier nicht mehr länger ertragen.«

»Nein«, sagte meine Seele. »Wir werden hierbleiben und noch mehr ertragen. Es gäbe hinter dem kupfernen Horizont noch immer keine Ruhe. Und wir brauchen nirgendwohin zu gehen. Ich habe mein eines Atom des Glaubens.«

Ich starrte meine Seele an, wie sie deutlich vor mir stand, schwach und erschöpft und blass, im sterbenden Licht. Sie habe ein Atom des Glaubens, sagte sie, und versuchte den Kopf hochzuhalten und stark und triumphal auszusehen. Oh, die Ironie – das Pathos, das darin lag!

Meine Seele mit ihrem einen Atom des Glaubens sah nur aus wie das, was sie war – ein heulendes, gejagtes Ding.

17. März

In manchen seltenen Zwischen-Momenten ist es, als ob mir alles gleich wäre. Mein Herz tut weh, sage ich; meine Seele wandert; diese oder jene Person war heute von mir abgestoßen; aber alles ist mir gleich.

Eine große innerliche Trägheit kommt wie ein Riese und nimmt mich gefangen. Ich liege darunter brach.

Jemand hat mich beim Austeilen der Gaben vergessen. Aber es macht nichts. Ich fühle nichts.

Die Leute sagen zu mir, hör auf zu analysieren und du wirst nicht unglücklich sein.

Wenn etwas schwere Keulen nach dir wirft und du von ihnen getroffen wirst, sei nicht verletzt. Wenn etwas, das stärker ist als du, deine Hände ins Feuer hält, lass es dich nicht verbrennen. Wenn dich etwas in einen Eis führenden Fluss stößt, friere nicht. Wenn etwas einen schneidenden Striemen über deinen nackten Rücken zieht, lass dich davon nicht bekümmern – nimm einfach nicht wahr, dass er da ist.

Das ist große Weisheit und klare, prächtige Logik.

Schade nur, dass noch nie jemand nach ihren Lehren leben konnte.

Aber es ist schließlich gleich. Nichts geht irgendjemanden etwas an. Es hat alles keine Konsequenzen.

Und habe ich nicht alles Leid für nichts durchlitten? Ich bin eine Närrin. Eine Närrin.

Eine Handvoll fetter schwarzer Schlamm in einem Schweinekoben – fragt er sich, warum er da ist? Quält er sich über den anderen Schlamm rundherum und in Bezug auf die Erde und das Wasser, aus dem er gemacht ist, und macht er sich Gedanken über das Schwein? Nur Narrenschlamm würde das tun. Also bin ich Narrenschlamm.

Nichts zählt. Nichts kann zählen.

Reue, Leidenschaft, Feigheit, Hoffnung, Mut, Unruhe, Schmerz, der Sinn für Liebe, der Sinn für die Seele, der Sinn für Schönheit – alles für nichts! Was kann eine Handvoll fetter schwarzer Schlamm in einem Schweinekoben damit zu tun haben? Ich bin eine Handvoll fetter schwarzer Schlamm – eine närrische Frau, Narrenschlamm.

Alles, was ich auf der Welt tun muss, ist, ruhig in der warmen Sonne zu liegen und zu fühlen, wie das Schwein herumrollt und stakst und ausrutscht. Es wäre Irrsinn, meine Schlammnerven mit Verwunderung darüber abzunutzen. – Sei ruhig, närrische Frau, lass die Dinge sein. Deine Seele ist aus Narrenschlamm und wird vom Schwein regiert; dein Herz ist aus Narrenschlamm und braucht nichts außer dem Schwein; dein Leben ist aus Narrenschlamm und ist das Leben des Schweins.

Irgendetwas in mir schreit jetzt auf, aber ich weiß nicht, was es ist – oder warum es schreit.

Es stöhnt und heult.

Es ist unbefriedigend, eine Närrin zu sein – darin liegt überhaupt keine Befriedigung.

Ja doch. Alles ist wichtig, so oder so. Die Natur ist eine lange Schlacht und das unendliche Zugrundegehen der Schwachen. Ich muss mahlen und mahlen. Ich habe keine Wahl. Und ich muss wissen, dass ich mahle.

Närrin, Genie, junge einsame Frau – ich muss im inneren Leben im Kreis gehen, weiß der Teufel, wie viele Jahre lang. Danach muss meine Seele im Kreis gehen, weiß der Teufel, wie viele Jahrhunderte lang. Was hat der Teufel für ein meisterliches Gehirn! Die Welt ist ein wunderbar durchdachter Plan. Für mich ist der Plan zwar geschwärzt von Leid. Aber es mag in der Welt jemanden geben, für den es schönes, echtes Leben ist.

Während ich diese Darstellung verfasse, frage ich mich, ob es jemanden geben wird, der sie liest und etwas bemerken wird, das in jedes Wort hineingemischt ist. Es ist etwas, das Sie fühlen müssten und das Sie faszinieren müsste, etwas, das Ihnen derart noch nie begegnet ist.

Es bin ich in meiner unvergleichlichen Individualität.

Ich wünschte, ich könnte sie in so vielen Worten ausdrücken. Aber das ist nicht möglich. Wenn ich es in jedes Wort hineingelegt habe und Sie es fühlen und fasziniert sind, dann habe ich es schon sehr gut gemacht.

Wenn das gelingen sollte, bin ich schon über die Maßen schlau.

Ich weiß, dass ich maßlos schlau bin. Aber ich brauche mein ganzes eigentümliches Genie, um Ihnen meine Individualität zu zeigen – meine Einsamkeit.

Ich bin allein hier draußen auf meinem Sand und meiner Ödnis. Ich wäre selbst dann noch allein, wenn sich auf meinem Sand und meiner Ödnis Tausende Leute drängten, jeder voll schmelzenden Mitleids mit mir – obwohl das unglaublich süß wäre.

Die Leute sagen über mich: »Sie ist eigen.« Sie verstehen mich nicht. Wenn sie mich verstünden, würden sie es öfter und mit mehr Betonung sagen.

Also versuche ich, meine Individualität in die Art meiner Diktion zu legen, in meine Methode, mit Worten umzugehen.

Meine Konversation zeigt diese Individualität sehr deutlich – zeigt sie mehr als deutlich. Meine Konversation schleudert sie den Leuten förmlich an den Kopf. Meine Konversation bringt die Leute – wenn es mir gefällt – dazu, sich in den Stühlen umzudrehen und mich mit voller Aufmerksamkeit anzustarren. Sie bewundern mich, auch wenn ihre Bewunderung sich zweifellos auch mit anderen Gefühlen vermischt.

Ich mag es, bewundert zu werden.

Es tröstet meine Eitelkeit.

Wenn Sie diese Darstellung lesen, werden Sie mich bewundern. Sie werden keine Alternative haben als mich zu bewundern.

Das ist also das Leben, und alles ist wichtig.

Aber nun werde ich aufhören zu schreiben und zu meinem Abendessen hinuntergehen. Es gibt Porterhouse-Steak, blutig angebraten, und Frühlingszwiebeln. Oh, sind die gut! Und wenn man ein Porterhouse-Steak zum Abendessen in Aussicht hat – und grüne Frühlingszwiebeln – gibt man keinen Cent darauf, ob etwas anderes von Bedeutung ist oder nicht.

19. März

An einem Tag, an dem der Himmel wie Blei ist und eine dumpfe, stürmische Wildnis von grauen Wolken dem Sand eine besondere Tristesse verleiht, kommt zur Einsamkeit meines Lebens noch eine tiefe Bitterkeit hinzu. Galle und Wermut.

Aus meiner Bitterkeit kommt leicht das Böse.

Sicherlich ist das Böse ein tiefschwarzer Teich, in dem man Stumpfsinn und Nichts ertränken kann.

Ich kenne das Böse nicht gut. Es ist etwas Materielles, das jetzt sehr weit weg erscheint, das aber immer näher kriechen kann, je älter ich werde.

Aber jetzt, wenn der Tag von bleierner Eintönigkeit ist, sehe ich das Böse an und sehne mich danach. Ich bin jung und ganz allein, und alles Gute liegt jenseits meiner Reichweite. Aber alles Böse – sicherlich ist das doch in jedermanns Reichweite.

Ich wünsche mir, dass eine lange, feierliche Prozession böser Dinge kommt und durch mein seltsam bleiernes Leben wirbelt und wütet und den Bann bricht.

Warum soll es das Böse sein und nicht der Tod? Der Tod, scheint es, wird mir nur eine neue Art der Qualen bringen. Das Böse könnte vielleicht mein Leben mit seinen lebhaften Phänomenen derart bevölkern, dass sie auf meine vom Nichts abgezehrten Nerven narkotisch wirkten. Es wäre ein Ventil – und vielleicht könnte ich so manches vergessen.

Jetzt gerade denke ich an eine Frau, die vor langer Zeit lebte und in der die Weltöffentlichkeit nichts Bewundernswürdiges gefunden zu haben scheint. Ich meine Messalina Valeria, die Frau des dummen Kaisers Claudius. Ich habe für diese historische Willkürherrscherin eine tiefe Bewunderung gefasst. Sie hatte vielleicht in der Tat nichts zu vergessen, vielleicht hatte sie gar nicht gelitten. Jedenfalls aber hatte sie die Willenskraft, sich zu nehmen, was sie brauchte, zu tun, was sie wollte, so zu leben, wie sie leben wollte.

Es ist bewunderungswürdig und unsagbar schön, wenn jemand sich opfert und alles aufgibt und wartet, aus Liebe zu jenem Guten, das sich selbst als gerechte Belohnung gibt. Und knapp daneben steht jemand, der alle Hemmungen in den Wind schlägt, wenn das Gute sich enthält und ihm nichts schenkt. Wir sind schwache, verachtenswerte Narren, die die Mittel, die in unserer Reichweite sind, nicht ergreifen, wo es für unsere Zurückhaltung doch keine Belohnung gibt. Warum nehmen wir uns nicht, was wir wollen, von den verschiedenen Versuchungen? Es ist nicht so, dass wir etwa tugendhaft wären. Wir sind Feiglinge.

Und ist es die Mühe wert, einem Ideal treu zu bleiben, von dem wir nur äußerst vage Hoffnungen haben können, dass es erreicht werden könnte? Das ist keine Philosophie. Wenn man sich dazu entschlossen hat, dass man eine Schüssel heißer gebrühter Pilze haben möchte, und sein Begehren darauf richtet, sollte man dann eine Handvoll roher getrockneter Apfelringe verschmähen, wenn man am Verhungern ist, dieser Phantomschüssel von heißen gebrühten Pilzen zuliebe?

Sollte man sagen: »Lass mich verhungern, aber niemals werde ich mich zu Apfelringen herablassen; ich will nichts anderes als eine Schüssel heißer gebrühter Pilze«? Wenn man sich sicher ist, am Ende die Pilze zu bekommen, bevor man den Hungertod stirbt, dann schön und gut. Dann sollte man auf sie warten und nichts anderes akzeptieren.

Aber es ist im Rahmen meiner guten peripatetischen Philosophie nicht angebracht, das Böse, das die Götter für uns bereithalten, zu verschmähen, nicht zugunsten eines fernen, immer unverwirklichten Ideals, wie strahlend, wie schön, wie golden es auch sein mag.

Wenn Blei im Himmel und in meinem Leben ist, taucht eine Vision des Bösen am Horizont herauf, schaut mich an und lockt mich mit einem faszinierenden Finger heran. Dann sage ich zu mir selbst: Wozu diese unbefleckte, mit sich ringende Seele; dieses unbefleckte, leere Herz; dieses unschuldige Bewusstsein, das keine Schätze birgt; dieser langweilige Mädchenkörper? Für sie ist nichts Gutes vorgesehen. Aber hier gibt es zweifellos glitzernde, faszinierende böse Dinge – das sind die Güter, die die Götter bereitstellen, die Kompensation des Teufels.

Eines Tages kommt der Tod, sagte ich – aber wirklich zu sterben, direkt neben diesen glitzernden bösen Dingen – mit gerade einmal neunzehn! Diese glitzernden Dinge sehen schön aus.

Eigentlich gibt es nichts Böses in der Welt. Manche Sachen wirken verzerrt und unnatürlich, weil sie schlecht gemacht wurden. Wären sie gut ausbalanciert und vollkommen durchgeführt, könnte man ihre prächtigen, schimmernden Lichter nur bewundern. Sie werden sich an Don Juan und Haidée erinnern.[24]

Da war auf jeden Fall sicher nichts Böses im Spiel – sie liebten einander. Aber hätten sie auch nur vorübergehend Gefallen aneinander gefunden, wenn auch intensiv, wer möchte das böse nennen? Wer könnte es anders als wunderbar, entzückend, bezaubernd finden? Das Böse des Teufels – wie auch sein Gutes – glänzt und glitzert, oh, wie es glänzt und glitzert. Ich habe es gesehen, nicht nur in einem Gedicht von Byron, sondern im wirklichen Leben.

Immer wenn im Himmel das Blei ist, will ich diese Ecke des Weinbergs durch und durch bestellen. Lässt es Sie nicht schaudern, dass die liebe kleine Mary MacLane ungeliebt durch dunkle Seitengassen, tödliche Labyrinthe wandert? Mich lässt es schaudern. Aber das müsste es nicht. Wenn ich ungeliebt wandern soll, warum nicht dort, statt im Nichts?

Ich stelle mir vor, dass es wunderbar einfach sein müsste, sich an die vielfältige Bosheit zu gewöhnen. Ich habe meine neunzehn Jahre mitten im Nichts verbracht und habe mich noch nicht daran gewöhnt. Es sind scharfe Messer verborgen im Nichts. Die Schlechtigkeit mag auch ein paar scharfe Messer haben – aber auch andere Dinge. Ja, es gibt andere Dinge.

Lieber Teufel, wenn du mir nicht das Glück herbeiholen sollst, dann hänge von deinem großen stählernen Schlüsselbund ein helles kleines Schlüsselchen ab, das die Tür zu den glitzernden, glänzenden bösen Dingen entsperrt, und gib es mir, zeig mir den Weg und wünsch mir Freude.

Ich will circa sieben Jahre in gewissenhafter Bosheit leben und dann, wenn es denn so sein soll, den Tod. Was für ein vornehmes Ziel! Aber könnte es nicht schlimmer sein? Wenn nicht das, dann neunzehn Jahre verfluchtes Nichts, und danach der Tod. Nein. Wenn das Blei im Himmel ist, hat das für mich keinen Reiz. Mein vielseitiger Geist wendet sich den sieben Jahren gewissenhafter Bosheit zu.

Es gibt auf der Welt nichts ohne einen Anteil des Bösen. Es ist in der Literatur; es ist in jeder Kunst – in Bildern – in Plastiken –

sogar in der Musik. Bei Beethoven, bei Chopin gibt es gewisse hervorragende, tiefe, detaillierte Passagen, die von Dingen erzählen, die auf die herrlichste, erhabenste Art böse sind. Chopin kann man nicht verstehen. – Gibt es irgendjemanden auf der Welt, der ihn verstehen kann? – Aber wir wissen sofort, dass es das Böse gibt – und dass es Musik ist!

Das Element des Bösen ist in mir.

Ich sehne mich danach, mein Element des Bösen zu kultivieren.

Das Böse ist schön, verglichen mit dem Nichts.

Also warte ich auch auf jemanden, der mit ganz anderen Dingen als dem Glück über den Hügel kommt.

Aber ganz gleich, worauf ich warte, nichts kommt.

20. März

Heute waren Bilder im roten Sonnenuntergang. Ich sah sie an und mich schüttelten begehrliche Leidenschaften. Ich stellte mir vor, dass ich, wenn ich nur darum bäte und abwartete, alles haben könnte, was an guten Dingen in den Bildern zu sehen war. Indessen wusste ich: Sobald der Sonnenuntergang vom Himmel verschwunden wäre, würde ich von meiner schwersten Traurigkeit überwältigt werden.

Es gab ein Bild intensiven Friedens. Es gab Ausdehnungen von flachem, grünem Land und Eichen und Pappeln und einen stillen, stillen See. In der trüben Ferne sah man Weizenfelder und Timotheegras, das sich ein wenig, wie im Wind, bewegte. Man konnte sich Kühe vorstellen, die unter den Überhängen der nahen Hügel weideten, und einen Habicht, der zwischen den Wolken schwebte und kreiste. Ein Regenbogen spannte sich über den See. Nichts fehlt hier, dachte ich. »Leben, Gesundheit und Frieden.«[25] Gib mir das, lieber Teufel.

Es gab ein Bild endloser, grenzenloser Kraft. Ich sah wieder die Eichen, nun aber allen Laubs entkleidet, und nicht einmal die stacheligen, zerklüfteten Felsen hinter ihnen standen mit größerer Kälte stramm. Die Sonne ergoss sich in strahlender Helligkeit über sie. Ein Fluss floss unbewegt und ruhig zwischen gelben Lehmbänken. Ein Tornado könnte darüber hinwegfegen und kein Zweig würde sich stören lassen, der Fluss zeigte nicht die kleinste Welle. »Ist es nicht großartig!«, sagte ich mir. Kein Gefühl, keine Selbstanalyse, kein Sehnen, kein Schmerz – und die Kraft der Philister. O lieber Teufel, ich flehe dich an, gib mir das!

Es gab ein Bild des ungehemmten Feierns und der Zerstreuung. Da waren Felder schwankender Narzissen und roter Lilien. Die jungen Stauden warfen die Köpfe umher und jubelten. Lämmer sprangen herum, und die glückliche Feldlerche wusste, wovon sie sang.

Die Winde wunderten sich, wurden still
und küssten die Wasser, ohne sie zu brechen.[26]

Sei sorglos, sei leichtherzig, sei schlimm, – vor allem, vergiss. Die Taten sind, was du willst; die Zeit ist Jetzt; das Nachleben ist nichts; der Tag der Abrechnung kommt nie. Liebe die Dinge leicht, nimm dir alles, was du siehst, und vertraue die Reue den Winden an. Gütiger Teufel, flüsterte ich innig, gib mir das und nichts anderes.

Ein Bild zeigte die brausenden Elemente. »Die Winde pfiffen, und die Regen gingen nieder und es kamen die Fluten.«[27] Der Himmel war bedeckt mit schnellziehenden Wolken. Schwer war die Luft vor Unruhe. Ein graues Steinhaus saß auf einem Felsenspitz, und gelegentlich erhaschte ich einen Blick auf ein bewegtes Meer darunter. Auf der Oberfläche des Landes schwankten schlanke Bäume wild im Sturm. Der Wind und der Regen sagten: »Verdammt, kleine Erde, dich hab ich jetzt, – ich werde dich auseinanderreißen und verderben.« Sie peitschten und rasten in fieberhaftem Glück. Der kleinen Erde gefiel es. Die Elemente wirbelten und pfiffen um das graue Steinhaus. Ein grelles Licht kam von einem gespenstischen Mond zwischen den Wolken. Die gesamte Szene war verlassen, menschenleer und einsam, aber verlockend. Als ich in meiner Vorstellung dem kreischenden, heulenden Wind lauschte und die grünen Zweige sah, wie sie im Sturm jäh herumgerissen und verdreht wurden, machte mein ödes, enttäuschtes Herz einen Satz und jauchzte. Könnte ich inmitten von alledem leben und immer grob geschlagen und erschüttert werden, würde dann nicht dieser tief in mir liegende Sinn aufhören zu schmerzen? Lieber Teufel, sei so gut und schick mir ein paar Stürme. Es ist das Nichts, das schwer auf mir lastet.

Ein Bild zeigte ein erhabenes spirituelles Leben. Es gab dieses seltsame helle Licht. Und die Gegenstände im Bild waren diejenigen Dinge, die allein wirklich sind in der Welt, die einzigen Dinge, die zählen. Das alte, weiche Grün der alten, alten, rollenden Hügel war das Grün der Liebe – der Liebe der Erde und der Liebe, die von jenseits der Erde kommt. Die Luft und das blaue Wasser und die Sonne waren so wunderschön echt und wahr, dass sie alle Menschenkraft überstiegen, wäre ihre Zärtlichkeit nicht so tiefreichend und leidenschaftlich. Schlingpflanzen und weiße Veilchen säumten die Gassen. War es meine Fantasie, oder wehte ihr zarter Duft über die sich türmenden Wolken herbei? Da war etwas, das sehr alt war – so alt wie das Menschengeschlecht. Diese grünen Täler waren genauso wie damals, als sich die Nebel zuerst von der Erde hoben. Während ich schaute, blieb mein Leben stehen. Meine Seele schauderte verhalten. Als ich so schaute, fühlte ich mich dir näher, meinem Gott – obwohl ich keinen Gott habe und alles mir fern ist, nichts Zärtliches den Weg zu mir findet.

Trotzdem war ich näher bei dir, meinem Gott.[28]

Eine Stimme kam aus fernen, uralten Zeitaltern her und sagte sehr sanft: »All diese Schatten fallen vergebens. Du bist geblendet und verwirrt im Dunkel – das Dunkel ist tief – tief. Es gibt keinen einzigen trüben Lichtstrahl. Deine Füße zögern und stolpern. Du kannst nicht sehen. Aber die Schatten fallen vergebens.«

Ich frage dich, warum gehört dieses Leben nicht mir?

Ich flehe und ringe meine Hände in schmerzlichem Flehen, und fast scheint es manchmal, als könnten meine Finger diese Dinge greifen – aber etwas Kaltes und Starkes ist zwischen ihnen und mir. Oh, was ist es nur!

Ein Bild zeigte verschiedene Burgen in Spanien. Sie waren so wunderschön, diese Burgen. Die Lichter, die auf die Wehrungen fielen, waren weiche, helle Lichter. Zum einen bildete ich mir ein, dass ich mich selbst dort sah und den Ruhm an meiner Seite. Ruhm ist großartig. Die Sonne und der Mond und die Sterne mögen sich im Himmel verdüstern. Bitterer Regen mag aus den Wolken fallen. Sei es drum. Ruhm hat eine eigene Sonne, einen eigenen Mond und seine eigenen sanft glitzernden Sterne, und diese leuchten, wenn sie einmal leuchten, für immer. Der grüne Fluss, der durchs Land verläuft, mag versiegen. Der Ruhm aber hat einen grünen Fluss, der niemals austrocknet. Man mag über die Erdoberfläche irren. Aber der Ruhm ist in sich selbst eine Zuflucht. Man mag eine Zielscheibe sein für Steine und Schlamm. Ja – aber der Ruhm steht in der Nähe und legt einem den Arm um die Schultern – wie einem kein anderer Arm über die Schultern gelegt werden kann. Der Ruhm würde einige Leerstellen füllen. Der Ruhm würde sie einige Jahre lang füllen.

Teufel, den Ruhm, bitte.

Es gab ein Bild des Todes. Ich sah eine Gestalt mitten in einer Wüste liegen, die meinem Sand und meiner Ödnis ziemlich ähnelte. Nicht weit entfernt saß ein Wolf auf seinen Hinterläufen und wartete aufs Ende. Ein Geier hockte in der Nähe und wartete auch. Beide wirkten hungrig. Es schien, als ob das Ende bald kommen könnte.

Lass es kommen, gütiger Teufel.

Und ein Wolf und ein Geier sind besser als ein Bestatter und ein Haufen Würmer. Obwohl das auch schon egal ist.

Und oh, da war wieder das allerliebste Bild – das rote, rote Bild eines Glücks, das mir zugedacht ist, Glück, und die Sonne fällt auf die Hügel, die den Himmel küssen! Da war ich, und ich liebte und wurde geliebt. Ich – aus der Einsamkeit in das perfekte Glück! Das Gelbgold der ruhmreichen heißen Sonne schmolz und ergoss sich über die Erde und alles, was da war. Der Fluss floss dahin und kräuselte sich in Wellen und sang das süßeste, fröhlichste Lied, das je von Flüssen gesungen wurde. Geflügelte Wesen glitzerten im Goldlicht und flogen den Himmel hinunter.

Die wunderbare Luft war über mir
der wunderbare Wind schüttelte den Baum.[29]

Die lautlosen Stimmen in der Luft erklangen wie Flöten und Klarinetten. Und die Liebe des Mann-Teufels für mich war überall – über mir, um mich herum, in mir drin. Sie würde für eine gewisse Anzahl schöner, gelbgoldener Tage reichen. Ich – aus den Elendsschmerzen der Einsamkeit in das!

Mein Herz ist voller Lust.

Meine Seele ist voller Leidenschaft.

Mein Leben ist ein Leben der Sehnsucht.

Alle Bilder verblassen vor diesem Bild. Sie verblassen ganz und gar. Als die Sonne selbst verblasste, blickte ich über den Sand und die Ödnis mit verschwimmenden Augen und sah nichts, und wünschte mir nur, mit schwerer, trostloser Seele, dass der Teufel kommen möge.

21. März

Manche Leute glauben absurderweise, dass die Tatsache, von schottischen Clans abzustammen, bedeute, dass man ziemlich stark sei, ziemlich konservativ, fest im Glauben und so weiter. Diese Idee müsste sich doch mittlerweile längst als falsch erwiesen haben. Ich denke, die Schotten sind als Nation am allerschwierigsten zu charakterisieren. Ihre Eigenschaften und Neigungen verteilen sich auf ein weiteres Feld als die aller anderen. Schotte zu sein bedeutet, alles Mögliche zu sein. Kein Mensch ist so schmal wie ein Schotte. Kein Mensch ist so weit wie ein

Schotte. Kein Geist ist so vielseitig wie ein schottischer Geist. Zugleich ist nur ein schottischer Geist in der Lage, sich zäh wie eine Bulldogge an eine einzige Idee zu klammern. Ein schottisches Herz, aus allem gemacht, kann durch und durch treu sein wie der Tod. Ein schottisches Herz – dasselbe – kann so hinterlistig und verräterisch sein, wie falsche Menschenherzen nur sein können. Engländer zu sein bedeutet, Grenzen zu haben; die Deutschen, die Franzosen, die Russen – sie alle haben unausweichliche Zuschreibungen, die ihr Genie einschränken.

Aber als Schottin kann man alles – alles sein.

Immer denke ich an den grausamen, abgehärteten, blutrünstigen, wettergegerbten, rocktragenden Clan der MacLeans, wie sie über die trostlosen winterlichen Hügel irren, im Kampf mit den mächtigen MacDonalds und MacGregors – die sie normalerweise vom Erdboden fegen, – und mit fröhlich kreischenden Pfeifen fortmarschieren von den Feldern verwelkten, blutgetränkten Heidekrauts – alles nur, um für mich intensiviertes Leben zu sammeln. Ich habe das Gefühl, dass die Gründe für meine Tragödie vor langer, langer Zeit in ferner Saat angelegt wurden.

Mein schottisches Blut, zusammen mit meinen genialen Sinnen, hat aus mir eine gefährliche chemische Mischung gemacht.

Durch die Analyse habe ich ein beinahe klares Porträt meiner Selbst vor mein inneres Auge heraufbeschworen.

Als ich ein Kind war, habe ich nicht wissentlich analysiert, aber das Kind war dieses selbe Genie, auch wenn ich von der Art bin, die sich über die Jahre sehr stark und entschieden verändert. Diese müde Unglückseligkeit ist keine Frage der Entwicklung.

Als Kind fühlte ich sprachlos, was ich jetzt weniger sprachlos fühle. Mit fünf Jahren weinte ich oft lautlos in der Nacht – ich wusste nicht, warum. Ich fühlte meine Einsamkeit, dass ich allem fremd war. Ich fühlte das schwere, schwere Gewicht des Lebens – und ich war gerade erst fünf.

Ich war erst fünf, und es scheint mir tausend Jahre her zu sein. Aber manchmal höre ich noch, durch die langen, gewundenen, unbenutzten Gänge meines Bewusstseins hindurch, jenes stille Schluchzen des Kindes und das namenlose Heulen einer winzigen, müden Seele.

Es mischt sich mit dem bitteren Nichts der erwachsenen jungen Frau, und oh, mit all dem – mit all dem bin ich so unglücklich!

Es gibt in all dem etwas ganz subtil *Schottisches*.

Aber ob schottisch oder indianisch oder japanisch, der Schmerz lässt sich nicht stillen.

22. März

Ich fürchte, weißt du, du prächtige Welt, dass du mich noch nicht wirklich gut kennst – besonders nicht mich aus Fleisch und Blut. Mich mit der eigentümlichen Philosophie und der unglücklichen Seele kennst du nun einigermaßen, wenn du nicht dümmer bist, als ich glaube. Aber du könntest auf der Straße an mir vorbeigehen – ja einen ganzen Tag mit mir verbringen, und nie den Verdacht schöpfen, dass ich es bin. Obwohl, was das betrifft, auch wenn ich dir ein durch und durch anschauliches und detailliertes Porträt von mir vorsetzte, wäre ich mit Sicherheit schlau genug, wenn ich wollte, eine ganz andere Rolle zu spielen – wenn du kämst, um einen Tag mit mir zu verbringen. Dennoch, wenn die allgemeine Welt mich so kennen soll, wie ich will, dass sie mich kennt, ohne mich je zu sehen, dann muss ich etwas näher an sie herankommen. Sie können jetzt aus Ihren Sitzen aufstehen, Ihre Operngläser richtig herum drehen; starren Sie mit offenem Maul, stellen Sie sich auf die Hinterläufe und staunen Sie – ich werde aus den Seitenbühnen heraus grelle grüne und orange Lichter angehen lassen.

Meines Erachtens sind es die trivialen Einzelheiten, die, was es auch sein mag, am wirksamsten beschreiben. In *Jahrmarkt der Eitelkeiten*, wenn Becky Sharpe in einem Brief an ihre Freundin Amelia den jungen Crawley beschreibt, erklärt sie, er habe heufarbene Barthaare und strohfarbenes Haupthaar. Und mit dieser Information hat man das Gefühl, viel mehr über diesen Crawley zu wissen, als wenn Miss Sharpe diese Sachen nicht erwähnt hätte. Und doch ist es nur eine Frage der Farbe!

Wenn man daran denkt, dass Dickens Katzen äußerst gerne mochte, fühlt man sofort, dass nichts passender sein könnte. Irgendwie scheint diese wunderbare Mischung aus Humor und Pathos und sanfter Ironie mit einer Zuneigung zu weichen, grünäugigen, schnurrenden Wesen zusammenzugehen. Falls man jenen pathetischen Humor noch nicht gelesen hätte, aber von Dickens und seinen wärmenden Freunden auf vier Pfoten wüsste, könnte man gut derartige Sachen von ihm erwarten.

Wenn man irgendwo gelesen hat, dass Dr. Johnson angeblich niemals seinen Hals und seine Ohren wusch, und dann etwas von seiner starken, originellen Philosophie liest, sagt man sich, »Ja, ich glaube sofort, dass dieser Mann sich nie die Mühe machte, seinen Hals und seine Ohren zu waschen.« Ich für meinen Teil, da ich einige seiner Schriften gelesen habe, kann mir eigentlich nicht vorstellen, dass er jemals irgendeinen Teil seiner Anatomie gewaschen haben soll. Ich bewundere Dr. Johnson – wenn ich auch meinen eigenen Hals gelegentlich wasche.

Wenn man an Napoleon denkt, der sich vergnügte, indem er ein Kind auf den Schoß nahm und es zwickte, um es weinen zu hören, fühlt man eine ekstatische kleine Welle der Freude darüber, wie gut alles passt. Man denkt an seine harten, brillanten, pausenlosen Siege, und man bekommt den Verdacht, dass Napoleon Bonaparte nur lebte, um Napoleon Bonaparte zu befriedigen. Denkt man daran, wie der schwere, muskulöse Mann lächelnd das Kind zwickte, ist man sich dessen ganz sicher. Sich auf diese Weise zu amüsieren, ist für jenen König unter den Menschen so herausragend passend, dass man sich fragt, warum es einem nicht selbst eingefallen ist.

Also ja. Ich glaube rigoros an die Wirksamkeit scheinbar trivialer Fakten bei der Darstellung des eigenen Charakters – der eigenen individuellen Menschlichkeit.

Jetzt werde ich also Ihnen zuliebe verschiedene verstreute Beobachtungen mich selbst betreffend niederschreiben – eine interessante Vertreterin des Geschlechts der Frauen und des Alters von neunzehn Jahren, durch und durch originell und faszinierend.

Also.

Fast jeden Tag mache ich mir einen Teller heißes, schweres Schokoladenfondant mit braunem Zucker, – (wenn ich es mit weißem Zucker machen würde, wäre ich eine ganz andere Person – und das Fondant wäre nicht halb so gut) – und nehme es mit nach oben in mein Zimmer, mit einem Buch oder einer Zeitung. Dann nimmt mein Geist einen Teil dessen zu sich, was im Buch oder in der Zeitung steht, und der Magen der MacLane nimmt alles zu sich, was auf dem Teller ist. Ich sitze an meinem Fenster in einem hundsmiserablen Stuhl mit steifem Rücken, mache es mir aber bequemer, indem ich die Füße auf die Kante des niedrigen Ladenschreibtischs stütze. Meist lese ich einen alten, abgewetzten Band jener alten Zeitschrift *Our Young Folks*.[30] Es hat einen Charme für mich. Ich werde dessen nie müde. Während ich meine exakten kleinen braunen Fondantvierecke esse, lese ich von einem Jungen, der Jack Hazard heißt und der, wie J. T. Trowbridge dem Leser erklärt, sich sehr viel Mühe gibt und das scheinbar einigermaßen schwer findet. Ich glaube, ich könnte J. T. Trowbridge seitenlang aus dem Gedächtnis zitieren; jener alte Band ist ein Teil meines Lebens geworden. Nach ein paar Minuten höre ich auf zu lesen, esse aber weiter – und starre auf die Spitzen meiner Schuhe, die dringend geputzt gehören, oder auf die Zusammenstellung leuchtender Bilder an der Wand meines Schlafzimmers, oder aus dem Fenster auf die Kinder, die auf der Straße spielen. Aber meist starre ich vor mich hin, ohne zu sehen, und mein vielseitiger Geist ist damit beschäftigt, entweder nichts zu tun oder etwas wieder und wieder zu wiederholen, etwa »Aber das süße Gesicht der Lucy Gray wird man nie mehr sehen.«[31] Nur ist mir nicht bewusst, dass ich das wiederholt habe, bis es mir zufällig später einfällt. Immer ist das Fondant sehr gut, und ich esse und esse mit nicht nachlassendem Genuss, bis all die kleinen Vierecke verschwunden sind. Anderen Leuten hat eine kleine Menge von meinem Fondant schon wahnwitzige Magenbeschwerden verursacht – aber mein eigener Verdauungsapparat scheint nichts lieber zu mögen. Es ist so tiefbraun – und so schwer!

Damit vergnüge ich mich nachmittags ein oder zwei Stunden lang. Dann gehe ich hinunter und arbeite eine Weile.

Weniges kann mich so ärgern, wie, eine junge Dame genannt zu werden. Ich bin keine Dame – was bei näherer Untersuchung jeder leicht feststellen könnte. Und die Phrase hat einen hässlichen Klang. Ich würde viel lieber ein süßes kleines Ding genannt werden, oder eine Gefallene, oder ein vernünftiges Mädchen – auch wenn diese Namen alle ebenso unwahr wären. –

Immer bin ich froh, wenn die Nacht kommt und ich schlafen kann. Mein Geist arbeitet emsig daran, Sachen zu wiederholen, während ich mich meiner verschiedenen staubigen Gewänder entledige.

Während ich um die zwanzig Haarnadeln aus meinem Haar entferne, sage ich im Stillen auf:

Du bist alt, Vater Wilhelm, mit schwächelnder Blase
Dein Auge ist nicht mehr genau;
Und doch balancierst du 'nen Aal auf der Nase –
wieso bist du dermaßen schlau?[32]

Immer nehme ich eine kleine Uhr mit ins Bett und lasse sie von einer Kordel am Kopfende meines Bettes baumeln, um ein wenig Gesellschaft zu haben. Ich habe die Uhr »Klein Fido« genannt, weil sie so treu ist und immer tickt. Nach und nach beginnt sie in eine ähnliche Beziehung zu mir zu treten wie J. T. Trowbridges Zeitschrift. Sollte ich von hier weggehen, nehme ich Klein Fido und diese Zeitschrift mit. –

Jeden Morgen habe ich nach dem Spaziergang einen guten Hunger und esse zum Frühstück drei gekochte Eier direkt aus der Schale. Während dem Essen danke ich innerlich der gütigen Vorsehung, die Hühner erfunden hat. Ich esse auch Toaststückchen. Ich frühstücke alleine – weil der Rest der Familie noch schläft, – an einer Ecke des Küchentischs. Ich genieße diese drei Eier und diese Toaststückchen. Meist denke ich beim Frühstücken an drei Dinge: an den schwankenden Preis essbarer Eier; an das, was ich tun werde, wenn ich meine Hausarbeit erledigt habe und noch nicht Mittagszeit ist; und an meine eine Freundin. Und gedankenvoll trete ich mit der Ferse meines rechten Fußes sacht gegen das Tischbein. –

Ich habe herrliches Haar. –

An der Vorderseite meiner Büste sind neun Taschentücher aus Baumwolle raffiniert verteilt. Meine Figur ist sehr schön, sicherlich, aber noch nicht so voll ausgebildet, wie sie in fünf Jahren sein wird – wenn ich so lange lebe. Also helfe ich materiell aus mit neun Taschentüchern aus feiner Baumwolle. Auf meinem Foto können Sie sehen, dass meine Taille sich anmutig herauswölbt. Nur ist nicht alles Fleisch – ein Teil davon ist Taschentuch. Es amüsiert mich. Eine meiner kleinen Eitelkeiten. –

Analog gelingt es mir durch eine erfindungsreiche Anordnung meines gestreiften Unterrocks aus schwerer Baumwolle, ein sichtbareres Paar Hüften zur Schau zu tragen, als die Natur für mich in diesem Stadium, wie es scheint, vorgesehen hat. Auch sie werden gewiss im Laufe einiger Jahre vollere Proportionen erreichen. Dennoch bin ich mit ihnen so, wie sie sind, nicht unzufrieden. Es ist ja nicht so, als ob sie zu voll entwickelt wären – sonst würde ich all mein Können benötigen, um meinen Unterrock so zu platzieren, dass ihr Effekt gemindert würde. Es ist leicht genug, anzustückeln, aber man hätte ernsthafte Schwierigkeiten, etwas wegzunehmen. Ich hasse die schweren, aggressiv wirkenden Arten von Hüften. Kleine, schlanke sind begehrenswert, wenn man neunzehn ist. Die allgemeine Welt beurteilt einen weniger streng – meistens. Schmale, wohlgeformte Hüften können einem den Anschein von Jugend und Harmlosigkeit geben, was ein entscheidender Vorteil ist, wenn man etwa eine Darstellung schreibt und von der Gnade der Welt abhängen wird. Ich glaube, ich würde gar nicht daran denken, eine Darstellung zu schreiben, wenn meine Hüften einem Paar Satteltaschen glichen. Es würde mir sicherlich nichts nützen. –

Manchmal sehe ich mein Gesicht im Spiegel an und finde es nicht unscheinbar, sondern hässlich. Und zu anderen Zeiten schaue ich und finde es nicht hübsch, sondern schön, mit einer madonnenhaften Süße. –

Ich kündigte bereits an, dass ich noch mehr über die Leber erzählen würde, die in mir ist, bevor ich hier fertig bin. Nun, ich sage Folgendes: Hätte die Welt eine Leber wie meine, wäre sie ganz anders, als sie ist. Die Welt wäre vielfarbig und beweglich und leidenschaftlich und nervös und hoch angespannt und intensiv am Leben und poetisch und romantisch und philosophisch und egoistisch und pathetisch und oh, an den Rand des Wahnsinns getrieben vom Geist der Unruhe – wenn sie eine Leber hätte wie meine. Jetzt ist sie all dies nicht. Sie ist recht dumm. Götter und Fischlein! Wäre die Welt nicht wunderbar, wenn alles in ihr mir gliche? Und so wäre es, wenn sie eine Leber wie meine hätte. Denn es ist vor allem meine Leber, die mich zu der macht, die ich bin – nebst meinem Genie. Meine Leber ist prächtig und perfekt, aber sensibel, und, nun – es ist gefährlich, so etwas in sich zu haben.

Es ist die Leber der MacLanes.

Es ist das Fundament des wunderlichen Schlosses meiner Existenz.

Und schließlich kannst du doch dem Teufel danken, prächtige tapfere blöde Welt, dass deine ihr nicht gleicht. –

Ich besitze siebzehn kleine Kupferstichporträts von Napoleon, die ich in einer meiner Schreibtischladen aufbewahre. Oft, wenn ich spät abends, zwischen neun und zehn Uhr, von einem Spaziergang über den Sand und die Ödnis zurückkomme, nehme ich diese Bilder aus der Lade und betrachte sie aufmerksam, lange Zeit, und denke an jenen Mann, bis ich in der Tiefe meines Wesens berührt bin.

Und dann verliebe ich mich ganz leicht und natürlich in Napoleon.

Wenn er noch lebte, denke ich bei mir, ich würde den Weg zu ihm finden, auf welche Weise auch immer, und mich zu seinen Füßen werfen. Ich würde ihn mit der leidenschaftlichsten Demut meines Wesens ersuchen, mich für drei Tage in sein Leben zu nehmen. Drei Tage lang die Frau Napoleons zu sein – das würde für ein Leben reichen! Ich wäre mehr als zufrieden, wenn ich dem Leben drei solcher Tage abluchsen könnte.

Vermutlich ist man entweder ein Bösewicht oder ein Narr, obwohl viele Leute eine ausgewogene Mischung aus beiden zu sein scheinen. Der Typus des entschiedenen Bösewichts ist der Mischung aus beiden ebenso wie dem schlichten Toren vorzuziehen. Sowieso mag ich Bösewichter – ein Bösewicht kann manchmal recht zärtlich sein. Und dann also sehe ich die Bilder an und verliebe mich in den unvergleichlichen Napoleon. Die siebzehn Bilder sind alle anders und alle gleich. Ich verliebe mich in jedes Bild einzeln.

Auf einem ist er hässlich und unattraktiv – und stark. Ich verliebe mich in ihn.

Auf einem anderen ist er grausam und herzlos und ganz und gar eigennützig – und stark. Ich verliebe mich in ihn.

Auf einem dritten schaut er fett und untersetzt aus und ganz unscheinbar – und stark. Ich verliebe mich in ihn.

Auf einem vierten ist er grandios traurig und voller Verzweiflung – und stark. Ich verliebe mich in ihn.

Auf dem fünften ist er schmierig und gierig und von gewöhnlichem Aussehen – und stark. Ich verliebe mich in ihn.

Auf dem sechsten ist er herrlich und überlegen und erhaben – und stark. Ich verliebe mich in ihn.

Auf dem siebten ist er romantisch und schön – und stark. Ich verliebe mich in ihn.

Auf dem achten ist er offensichtlich sinnlich und stinkt vor Unsauberkeit – und ist stark. Ich verliebe mich in ihn.

Auf dem neunten ist er nicht von dieser Welt, geheimnisvoll und unwirklich – und stark. Ich verliebe mich in ihn.

Auf dem zehnten ist er finster, mit mürrischen Brauen, schlechter Laune – und stark. Ich verliebe mich in ihn.

Auf dem elften ist er unterlegen, lächerlich, bedeutungslos – und stark! Ich verliebe mich in ihn.

Auf dem zwölften ist er rau wie ein Grobian und ungezogen – und stark. Ich verliebe mich in ihn.

Auf dem dreizehnten ist er klein und wolfartig und giftig – und stark. Ich verliebe mich in ihn.

Auf dem vierzehnten ist er ruhig und selbstbewusst und intellektuell – und stark. Ich verliebe mich in ihn.

Auf dem fünfzehnten ist er schwankend und jämmerlich und sein Mund wie der einer Frau – und dennoch ist er stark. Ich verliebe mich in ihn.

Auf dem sechzehnten ist er langsam und schwer und brutal – und stark. Ich verliebe mich in ihn.

Auf dem siebzehnten ist er ein bisschen zart – und stark. Ich verliebe mich lebhaft in ihn.

Napoleon war ein bisschen wie der Teufel, denke ich, wie ich so im Stuhl mit dem geraden Rücken sitze, die Füße auf dem Schreibtisch, und lange konzentriert auf die siebzehn Bilder starre, spät nachts.

Dann lege ich sie müde in die Lade, entnervt von der Empfindung des Nichts, nehme Klein Fido und gehe schlafen. –

Manchmal sitze ich am frühen Abend kurz vor dem Abendessen im Stuhl mit dem steifen Rücken mit meinen Ellbogen auf dem Fenstersims, den Kopf auf eine Hand gestützt, und blicke aus dem Fenster auf einen Haufen Steine und ein Fass Kalk. Sie befinden sich auf der leeren Parzelle neben diesem Haus.

Ich hefte die Augen konzentriert auf den Haufen Steine und das Fass Kalk. Und ich hänge meine Gedanken an sie. Und dann kommen mir die weitreichendsten Gedanken.

Ich fühle eine überwältigende Welle über mich kommen von einer Art Pantheismus, der in dem Moment, in dem ich ihn fühle, zu schrumpfen beginnt und immer weniger wird, bis nur mehr ein Haufen Steine und ein Fass Kalk bleiben.

In dem Moment scheint mir das Universum ein Haufen Steine und ein Fass Kalk zu sein. Das allein sind die Wirklichen Dinge.

Nimm irgendetwas, egal an welchem Punkt, und betrüge dich, indem du denkst, dass du damit glücklich bist. Aber betrachte es mit schwerem Blick; grabe dich durch die Schichten um Schichten von rosigen Nebeln, und du wirst finden, dass deine Sache ein Haufen Steine und ein Fass Kalk sind.

Ein paar Rangeleien, ein Streit, ein Todeskrampf, ein Verscheiden – und was bleibt, sind die wirklichen Dinge: ein Haufen Steine und ein Fass Kalk.

Verfluche alles, angefangen mit diesem Narrengott, den du dir aufgestellt hast, bis hin zum Teufel. Dann wirst du sehen, dass all dein Fluchen umsonst war. Denn nichts ist die Flüche wert, außer ein Haufen Steine und ein Fass Kalk – und sie sind nicht verfluchbar. Sie haben dir nichts getan, und außerdem sind sie allein die wirklichen Dinge.

Julius Caesar hat viele Kriege geführt. Sir Francis Drake segelte über die Meere. Es waren Kinderspiele, sie zählen nicht. Hier sind ein Haufen Steine und ein Fass Kalk.

Und so ist es am frühen Abend kurz vor dem Abendessen, wenn ich im unbequemen Stuhl mit den Ellbogen am Fenstersims und meinem Kopf auf einer Hand ruhend dasitze. –

An meiner Wand hängen zwei Bilder von Marie Bashkirtseff. Oft lehne ich meinen Kopf an die Stuhllehne, wenn meine Füße auf dem Schreibtisch sind – immer die Füße auf dem Schreibtisch – und sehe mir diese Bilder an.

Auf einem ist sie achtzehn Jahre alt und trägt ein grünes Kleid, das ihr sehr gut steht – eine Tatsache, der sich die Person darin voll bewusst ist.

Das andere Bild ist eine Kopie von ihrer letzten Photographie, als sie vierundzwanzig war.

Marie Bashkirtseff ist ein sehr schönes Geschöpf. Und offensichtlich ist *sie* nicht darauf angewiesen, über ihrer vollen Form irgendwelche Unterrock-Tricks zu veranstalten. Für eine achtzehnjährige Frau sieht sie herrlich voluptuös aus. Im zweiten Bild ist ihr die Eitelkeit in jede Linie ihrer anmutigen Form und in jeden Zug jenes charmanten Gesichts eingeschrieben. Das Bild schreit förmlich: »Ich bin Marie Bashkirtseff – und oh, bin ich grandios!«

Und ich freue mich, wenn ich die Bilder betrachte. Denn obwohl sie bewundernswürdig und großartig war, durch und durch, war sie kein solches Genie wie ich. Sie hatte ihr eigenes Genie, es ist wahr. Aber die Bashkirtseff mit ihrem sinnlichen Körper und ihrer anziehenden Persönlichkeit ist doch ein wenig gewöhnlich. Mein Genie, wenngleich schwach, ist selten und tief, und es hat noch niemand ein ähnliches Genie gehabt, und es wird auch nie jemand ein ähnliches haben.

– Mary MacLane, wenn du lebst – wenn du lebst, Liebste, wird die Welt eines Tages dein Genie anerkennen. Und wenn die Welt ein derartiges Genie erkennt – oh, dann wird niemand daran denken, es zu erniedrigen, indem es mit einer Bashkirtseff verglichen wird.

Aber ich würde dieses Genie mit Freuden abgeben – sofort und für immer – im Tausch gegen einen lieben, hellen Tag ohne Einsamkeit.

Die Porträts der Bashkirtseff sind ohne Zweifel schön, aber ihnen eignet etwas, das – nun, nicht gewöhnlich ist, sondern vielmehr bürgerlich, als wäre sie eine deutsche Kellnerin mit ungewöhnlichem Aussehen, oder ein aristokratisches Ladenmädchen, oder eine Amme mit gutem Geschmack, die bei gutem Wetter am Vormittag mit dem Kinderwagen ausgeht – so etwas in der Art. Vielleicht ist ihr Hals zu kurz, oder ihre Handgelenke wirken zu muskulös. Wenn ich die Bilder sehe, danke ich einem gütigen Teufel, dass ich diese bestimmten Punkte, diese gewisse bürgerliche Note nicht an mir habe. Ich muss zugeben, dass ich eine eigene Note habe, aber die ist hochlandschottisch – und wie auch immer, ich bin Mary MacLane.

Marie Bashkirtseff ist jedoch schön genug, dass sie es sich mühelos leisten kann, etwas zweitklassig auszusehen.

Ich sehe gerne meine zwei Bilder von ihr an.–

Geld schätze ich um seiner selbst willen. Ich meine das wörtlich. Ich mag das Gefühl von Dollars und Quarter-Münzen, die in meiner Hand aneinanderreiben. Es erinnert mich immer an diese lieblichen Schatztruhen voller Gold, die Captain Kidd vergraben hat – niemand scheint zu wissen, wo genau. Meist hebe ich mir ein paar halbwegs saubere Dollars und Quarter-Münzen auf, um sie in der Hand zu halten. »Geld ist so fein!«, sage ich mir. –

Wenn du denkst, schöne Welt, dass ich die ganze Zeit interessant und treffend und bewunderungswürdig bin, immer originell, zu meinem Vorteil aus einer Gesellschaft von Leuten hervorsteche und das alles – dann täuschst du dich prächtig. Es gibt naturgemäß Zeiten, in denen ich die Aufmerksamkeit der Masse fest an mich binden kann. Aber meistens bin ich die Allergeringste unter allen Idioten und Narren. Ich zeichne mich zum geringsten Vorteil aus.

Unter den verschiedenen Eigenschaften, die ich besitze, gibt es eine, die mir eine deutliche und hoffnungslose Aura der Unbedeutendheit verleiht. Ich habe gesehen, wie Leute mich nach dem ersten Kennenlernen achtlos mit den Blicken streiften, als wären sie ganz sicher, dass sich in meinem Gehirn keine Idee befinde – wenn ich überhaupt ein Gehirn besitze; als wunderten sie sich, warum ich eingeladen wurde; als wüssten sie ganz bestimmt, dass sie bloß die Geige auspacken müssten, damit es tanzen würde. Manchmal gelingt es mir mit erstaunlicher Plötzlichkeit, ihre Meinung zu ändern, bevor sich das hochintellektuelle Treffen auflöst. Aber fast immer bin ich dazu zu faul. Ich gehe manchmal unter Leute, weil es mich amüsiert. Es mag ein literarischer Club sein, in dem sie über Theosophie reden, oder ein Tanzverein aus Cornwall, bei dem es Gebäck und Safrankuchen gibt und die Hauptbelustigung darin besteht, einander Bierflaschen an die Köpfe zu werfen, oder vielleicht ist es ein damenhafter Zirkel verheirateter Frauen mit kirschroten, über die Hüften fallenden Röcken und weißen Ziegenlederhandschuhen, die nachmittags Schokolade trinken und über »schockierende« Dinge reden.

Und oft, wie ich sagte, bin ich unter ihnen die Geringste.

Genie ist etwas Seltsames.

Wenn einer meiner Röcke geflickt werden muss, wird er nicht geflickt. Ich stecke die Risse einfach zusammen, und es hält ebenso lange oder noch länger, als wenn ich mich mit Nadel und Faden in meinen Stuhl mit dem steifen Rücken gesetzt hätte und ihn wie ein vernünftiges Mädchen geflickt hätte. (Ich hasse vernünftige Mädchen.)

Wobei ich nie rasch einen gerissenen Volant oder ein paar Zentimeter Rocksaum hochgesteckt habe, ohne leise eine schlichte, ausdrucksstarke Phrase zu mir selbst zu sagen: »Was für 'ne Schlamperei«. Dennoch nehme ich nie eine Nadel und flicke mein Gewand. Ich könnte es gar nicht. Ich habe nie gelernt zu nähen, und ich habe es auch nicht vor. Es erinnert mich zu sehr an einen verstopften Schneider.

Also stecke ich die gerissenen Stellen zusammen – jedoch wie gesagt nie ohne den originellen, ausdrucksvollen Satz.

Das alles wird der halbwegs scharfsinnige Leser als einen wichtigen Punkt in der Schilderung eines Charakters erkennen – ob es meiner ist oder der der Königin von Spanien. –

Heute aß ich zu Abend etwas Vollkornbrot, Leber-mit-Speck und etwas grünen, grünen, jungen Spargel. Während ich das aß, schien die Welt eigentlich ein sehr netter Ort. –

Nie sehe ich Leute auf der anderen Straßenseite gehen, wenn ich an meinem Fenster sitze, ohne mich zu fragen, wer sie sind und wie sie leben und wie hässlich sie aussehen würden, wenn ihre Körper nicht mit Kleidern drapiert wären. Immer bin ich mir sicher, dass manche von ihnen O-Beine haben. –

Und manchmal sehe ich eine Frau in einem furchterregend unangezogenen Zustand über die leere Parzelle nebenan gehen: »Möge die Pest über mich kommen«, sage ich mir dann, »wenn ich je ins mittlere Alter komme und mein gesamtes Wesen vorne nach oben zu kippen scheint und ich ohne Korsett herumlaufe, sodass, wenn ich eine Schürze um meine Taille binde, meine obere Leiblichkeit über das Band hängt wie eine natürliche Bluse.« –

Und so – ich könnte die ganze Nacht lang weiter diese scheinbar trivialen, in Wirklichkeit bedeutenden Details des äußeren Genies aufzählen. Aber das reicht schon. Diese hier werden jedem, der sich mit Sachen auskennt, eine Offenbarung sein.

Manchmal weißt du ja auch was, prächtige, tapfere Welt.

Du musst außerdem wissen: Obwohl ich alltägliche Dinge mache, sind sie, wenn *ich* sie mache, nicht alltäglich. Ich mache Fondant – und ein süßes Mädchen macht Fondant, aber es gibt verschiedene Arten, Sachen zu tun. Diese ganze Fondant-Sache ist einer meiner einzigartigsten Punkte.

Kein süßes Mädchen macht Fondant und isst es, so wie ich Fondant mache und esse.

So ist es.

Aber oh – wer soll das alles verstehen? Wer wird irgendetwas von dieser Darstellung verstehen? Meine unglückliche Seele ist in Schattenreiche gedrungen, weit, weit jenseits, und darunter.

23. März

Meine Philosophie, merke ich nach sehr kurzer Analyse, nähert sich gefährlich dem Sensualismus an.

Es ist erstaunlich, wie viele Seiten ein einziger Charakter haben kann.

Die Natur mit all diesen Sonnen und Hügelrücken und all diesen Flüssen und all diesen Sternen ist undurchdringlich – unberührbar – ärgerlich. Es trifft einen mit unaussprechlichem Jubel und Schmerz, aber niemand kann auch nur beginnen zu verstehen, was es bedeutet.

Die menschliche Natur ist noch undurchdringlicher – und nichts davon scheint an der Oberfläche auf. Man hat gar keine Vorstellung von den Dingen, die im Bewusstsein der Bekannten begraben liegen. Und die meisten sind Narren, die keine Ahnung haben, welche Keime in ihnen stecken – wozu sie fähig wären. Und bei den meisten ist es auch wahr, dass die schlafenden Teufel niemals erwachen und niemals bekannt werden.

Noch ein Zeichen meines analytischen Genies ist es, dass ich mit neunzehn Jahren die Teufel in meinem Charakter erkenne. Ich habe nicht den geringsten Wunsch, sie loszuwerden, da die Dinge mit mir stehen, wie sie nun einmal stehen. In mir ist viel mehr Böses als Gutes. Ein Genie wie das meine muss naturgemäß vielerart Böses mit sich führen. »Ich trage in mir den Keim jedes Verbrechens.« Ich habe keinen Wunsch, diese Keime auszumerzen. Ich würde mich sogar freuen, wenn sie sich zu einer verheerenden Krankheit fortentwickelten. Irgendwas in dieser schrecklichen Verwirrtheit würde dann nachgeben. Die Schreie meines hölzernen Herzens und meiner Seele in der Dunkelheit wären weniger schwer, weniger bitterlich.

Sie wollen etwas – sie wissen nicht, was.

Ich gebe ihnen Gift.

Sie reißen es an sich und verzehren es hungrig.

Dann sind sie weniger hungrig. Sie werden ruhiger.

Das Wüten der Krankheit wiegt sie in den Schlaf – es geht auf sie nieder wie Regen im Herbst. Und so.

Wenn ich über den Sand und die Ödnis eile, kommen die lebhaften Leidenschaften zu mir – oder wenn ich dasitze und gen Horizont blicke. Wenn ich langsam gehe, erwäge ich in Ruhe die Frage, wie viel vom Bösen ich benötigen dürfte, um meine feineren Empfindungen abzutöten, um diese unruhige Seele und dieses hölzerne Herz vollständig zu vergiften, sodass sie nie mehr allzu helle Lichter wahrnähmen, und mich in ein ganz anderes Wesen umzubilden.

Ein wenig Böses würde genügen – eine kleine Dosis von feiner, guter Qualität.

Ich wünschte, ein Mann würde kommen (es ist immer ein Mann, schon bemerkt? – was man eben so erwägt, wenn man vom Geschlecht der Frauen ist und jung). Ich wünschte, ein Mann würde kommen, sagte ich heute ruhig zu mir selbst, als ich langsam über meine Ödnis ging – ein vollendeter Bösewicht soll kommen und mich fesseln und mich mit starken, zärtlichen Verlockungen zu dem hinführen, was man technisch meinen Untergang nennen würde. Und so wie die Welt solche Dinge sieht, wäre es auch mein Untergang. Aber so wie ich solche Dinge sehe, wäre es durchaus nicht mein Untergang. Es wäre eine erneuerte Hypothek aufs Leben.

Ja, ich hätte gerne, dass ein Mann kommt – irgendein Mann, wenn er nur stark ist und durch und durch ein Bösewicht, und solange er mich fasziniert. Insbesondere muss er mich faszinieren. Es darf kein Verlieben im Spiel sein. Ich bezweifle, ob ich ihn faszinieren könnte, aber ich würde ihn ganz demütig bitten, mich in meinen Untergang zu führen.

Ich habe noch keinen Mann gesehen, der nicht eifrig einer solchen Bitte entsprechen würde.

Dieser Bösewicht wäre keine Ausnahme.

Dann würde ich mein Leben samt den Wurzeln aus diesem Nichts herausreißen. Lebewohl, ein langes Lebewohl würde ich ihm sagen. Dann würde ich mit dem Mann in meinen Untergang hineinspazieren. Der Mann wäre bis in die Tiefe seines Herzens schlecht. Und nachdem ich nur eine kurze Zeit mit ihm gelebt hätte, wäre meine scheue, empfindsame Seele unwiederbringlich vergiftet und verschmutzt. Die Besudelung einer so heiligen und schönen Sache wie der Ehe ist sicherlich das dunkelste Böse, das in ein Leben kommen kann. Und so würde alles in mir, das sich dem zu hellen Licht zugewendet hatte, in tiefen Zügen aus den Schlacken des Todes trinken.

Der Durst dieser pausenlosen Unruhe und Sehnsucht, diese Selbstmüdigkeit, wäre gänzlich gestillt.

Mein Leben gliche fruchtbarer Erde, die dick mit wildem Senf bepflanzt ist. Aus jedem Quadratzentimeter Erde würde ein Dutzend Senfpflänzchen sprießen. Es gäbe keinen Platz – überhaupt keinen Platz – für eine Anemone. Sollte eine ans Licht drängen, sie würde umgehend erstickt und von wildem Senf überwuchert.

– Aber es würde keine Anemone sprießen. –

Mein Leben ist jetzt ein Leben von Leid und Rebellion.

Mein Leben, verdunkelt und halb getötet, wäre mehr als zufrieden damit, mit dem Strom zu schwimmen.

Oh, es wäre eine Ruhe!

Die Christen singen, es gebe Ruhe für die Erschöpften, jenseits des Jordans, wo der Baum des Lebens blüht.[33] Aber jene Ruhe ist natürlich für die Christen bestimmt. Meine Ruhe muss diesseits des Jordans kommen. Wenn nur der Stempel eines durchweg bösen und starken Mannes sich auf mein inneres Leben drückte, bin ich überzeugt, dass eine wunderbar gesetzte Ruhe darüber käme. Dieses Lebens Geist wäre gebrochen. Es würde ruhen. Warum nicht? Ich habe keinen Sinn für Tugend. Nichts ist mir von Bedeutung, ich will nur diese Unruhe und dieses Leid loswerden. Ja, gewiss könnte ich ruhen.

Das Kommen des Mann-Teufels würde mir Ruhe bringen. Aber bin ich Närrin genug zu glauben, dass die Ehe – die wirkliche Ehe – für mich denkbar wäre?

Diese andere Sache kann aber jeder erreichen – Narren und Genies gleichermaßen – sowie alles dazwischen.

Also will ich, dass ein faszinierender böser Mann kommt und mich sozusagen positiv böse macht, nicht ex negativo. Ich fühle eine riesige Welle äußerster Müdigkeit. Mein Leben liegt brach.

Ich mag nicht mehr hier sitzen. Der Sand und die Ödnis sind altersgrau. Und ich bin altersgrau.

Glück – das Rot des Sonnenuntergangs – ist das intensivste Begehren meines Lebens.

Aber ich werde eifrig auch alles andere ergreifen, das mir angeboten wird – *alles*.

Die Vergiftung meiner Seele – das Vergehen meiner Unruhe – würde die Kraft meines Denkens wecken. Mein Genie würde davon wunderbare Impulse empfangen. Du würdest staunen, gute Welt, über die Dinge, die ich schriebe. Nicht, dass sie erhaben wären – nicht, dass sie aufwärtsstreben würden. Ernten Menschen Trauben von Dornbüschen, von Disteln Feigen?[34] Aber sie wären Wunder an Feuer und Intensität. Ich würde meine Energie nicht mehr mit dem inneren Mahlen und Mahlen verbringen. Die Dinge, die aus den Dornbüschen und Disteln hervorträten, würden dein Erstaunen und deine Bewunderung erwecken, auch wenn es nicht Trauben und Feigen wären.

Und ich – das wahre Ich – das mit dem Geist intensiver Weiblichkeit begabte Wesen, mit dem Geist eines intensiven Sinns für Liebe – mit einem Geist wie dem der Magdalena, die zu sehr liebte, mit einer Seele, die der Inbegriff der Unruhe und des Nichts war – würde rasch in Vergessenheit sinken, und ich, ein ausgeplündertes Tier, ginge in eine dunkle Welt hinunter und fühlte nichts.

25. März

Einer der bemerkenswerten Punkte an meinem Leben ist, dass es so komplett und hoffnungslos allein ist – ein einsames, einsames Leben. Dieses hier mein Buch enthält nur eine Figur – mich selbst.

Es gibt auch den Teufel – als Möglichkeit.

Und dann gibt es noch die Anemonendame – meine teuerste Geliebte – als Erinnerung.

Ich habe Bücher gelesen, die geschrieben wurden, um nur eine Figur zu porträtieren, und es wurden dann verschiedene Personen eingeführt, um dabei zu helfen. Aber meine eine Freundin ist weg, und es gibt keinen Menschen, der zu meinem inneren Leben auch nur den geringsten Zugang findet. Ich bin immer allein. Ich könnte jede Stunde meines Lebens vertraut mit Leuten umgehen – dennoch wäre ich allein.

Immer allein – allein.

Nicht einmal ein Gott zum Anbeten.

Wie soll ich das ertragen! Wie diese Tage um Tage überstehen!

Und oh, wenn alles über mich kommt, was für ein furchtbares Rasen – was für eine lange Agonie meines kaputtgehenden Herzens – was für ein völliges Weh!

Wenn die Sterne auf mich mit kaltem Hass herunterblinken; wenn um mich herum Meilen über Meilen von Ödnis sich erstrecken und mich in müdes, müdes Nichts einschließen; wenn der Wind durch mich durchbläst wie der Atem eines bösartigen Riesen; wenn die hässliche, hässliche Sonne Jahrhunderte von harter, schwerer Bitterkeit aus ihren stechenden Strahlen um mich verströmt; wenn der Himmel mich ärgert mit seinem kalten, achtlosen Blau; wenn die Flüsse, die über die Erde fließen, mir die Echos ihrer verhassten Stimmen schicken; wenn ich höre, wie die Wildgänse ihre bittere, heulende Melodie anschlagen; wenn die widerspenstigen Kanten krasser Felsen scharf in mein müdes Leben schneiden; wenn Regentropfen auf mich fallen und in mich eindringen wie Stahlspitzen; wenn die Stimmen der Luft kleinliche Gemeinheiten in meine Ohren kreischen; wenn das Grün der Natur das Grün der Boshaftigkeit und der Grausamkeit ist; wenn das Rot, Rot der sinkenden Sonne brennt und mich mit seiner schrecklichen fieberhaften Aufwallung verzehrt; wenn ich den All-Hass des Universums für seine armen kleinen Erden-Würmer fühle: Dann nähere ich mich am ehesten der Ruhe.

Die Weichheiten sind meine Unruhe.

Ich will diese bitteren Dinge nicht.

Aber ich muss sie haben, wenn ich Ruhe haben will.

Ich will das Weiche, und ich will Ruhe!

O liebe schwache Seele, es ist schwer – schwer für uns.

Wir sind krank vor Einsamkeit.

26. März

Hin und wieder habe ich quälende Einblicke in ein Paradies. Und ich fühle meine Seele in ihrem Schmerz, jeden Augenblick meines Lebens. Wie gern würde ich sonst die Existenz einer Seele oder eines kommenden Lebens leugnen!

Denn an meiner Seele haftet das Nichts; das Paradies, das sich zeigt, ist nicht für mich bestimmt.

28. März

Hass ist am Ende von allem am leichtesten zu ertragen.

Wenn du von demjenigen vergessen worden bist, der dich gemacht haben muss, und wenn du von allen Menschen dein ganzes Leben lang alleingelassen worden bist – all deine neunzehn Jahre lang, – wenn du dann endlich wahrnimmst, wie jemand mit schönen Augen in deine Richtung schaut und eine schöne Hand nach dir ausstreckt und dir ein schönes Herz zeigt, in dem auch nur ein wenig schönes Mitgefühl für dich ist – für dich – oh, das ist schwerer zu ertragen als sonst etwas. Schwerer als die Einsamkeit und die Bitterkeit – und die Tränen kommen immer näher.

Aber man möchte oft, oft verletzt werden, dem Schönen zuliebe. Ja, man würde mit Freuden lange und oft verletzt werden.

Ich werde nie vergessen, was mit mir geschah, als ich zuerst die schönen Augen der allerliebsten Anemonendame sah, als sie sachte schauten – auf mich, – und die schöne Hand und das schöne Herz. Selbst das Erwachen meiner geräderten Seele ist kaum schwerer beladen mit Leidenschaft und Schmerz. Ich werde es niemals vergessen.

Obwohl ich mich auch von ihr fern fühle, ist sie die Einzige von allen, die zärtlich auf mich blickt.

– Lass mich mich vor Schmerzen winden und verzagen; lass mich verrückt werden – aber o Welt voller Leute – eurem Gott zuliebe – gib mir aus dieser brodelnden Finsternis nur eine schöne menschliche Hand, die meine berührt mit *Liebe*, ein schönes menschliches Herz, das die ziehende schmerzende Einsamkeit des meinen kennt, eine schöne menschliche Seele, die sich mit meiner in langer, langer Ruhe vereint. –

Oh, ein Mensch, heult meine Seele – ein Mensch, der mich liebt!

Oh, nur einmal zu erfahren, was es ist, geliebt zu werden!

Neunzehn Jahre ohne einen blassen Schatten von Liebe ist ein modriges, bröckelndes Alter – ist grau vom Staub der Jahrhunderte.

Wie lange habe ich gelebt!

Wie lange muss ich leben!

Ich kreische dich an, du kalte, dumme Welt.

Oh, das lange, lange Warten –

Die Millionen von Menschen –

Ich bin ein Mensch und da ist niemand – niemand – niemand.

Wer kann das kennen, der es nicht fühlte? Du weißt nicht – du kannst nicht wissen.

Sicher erbitte ich nicht zu viel. Aber ob es zu viel ist oder nicht, ich kann die Jahre nicht ohne es durchleben – oh, ich kann es nicht!

Du hast deine neunzehn Jahre gelebt, prächtige Welt, und du hast noch ein paar Jahre danach weitergelebt.

Aber in deinen neunzehn Jahren gab es jemanden, der dich liebte.

Das ist es, was zählt.

Nachdem du diesen Jemand gehabt hast, während deiner neunzehn Jahre, kannst du verstehen, was das Leben mir bedeutet – mir – in meiner Einsamkeit?

Meine heulende, harrende Seele brennt mit nur einem Begehren: *geliebt zu werden – oh, geliebt zu werden.*

29. März

Ich mache die Welt in dieser Darstellung zu meinem Beichtvater. Mein Gehirn platzt förmlich vor Egoismus und Schmerzen, und indem ich dies schreibe, findet es ein Ventil. Ich habe diese Darstellung liebgewonnen. Oft lege ich meine Stirn und meine Lippen auf die Seiten, als würde ich sie liebkosen.

Und ich möchte dir, Welt, mitteilen, dass ein Genie existiert, ein unglückliches Genie, ein Genie, das in Montana in der Ödnis verhungert – dennoch ist es ein Genie. Ich bin ein Wesen von einer Art, der du noch nie begegnet bist. Du wärst nie auf den Verdacht gekommen, dass so eine Person existieren könnte. Ich weiß, dass es keine zweite solche Person gibt. Wie ich anfangs sagte, gibt es mich auf der Welt kein zweites Mal.

Ich bin eine Phantasie – eine Absurdität – ein Genie!

Wäre ich eines der sterblichen Tiere, dann wäre ich ebenso eine Fantasie. Ich denke, ich wäre ein kleines Tier, das aus einem Schwein, einem Leoparden und einem Stinktier bestünde: ein Tier, das, stelle ich mir vor, recht unheimlich aussähe, aber ein bewundernswertes Haustier abgäbe.

Aber ich bin nicht eins der sterblichen Tiere.

Ich bin menschlich.

Das ist noch ein bemerkenswerter Punkt.

Ich habe Leute sagen hören, dass sie kaum glauben könnten, dass ich ganz und gar menschlich sei.

Ich bin das menschlichste Wesen, das jemals auf die Erde gestellt wurde. Die Genies sind immer menschlicher als die Herde. Fast eine Vollendung der Menschheit ist in mir erreicht. Das allein macht mich schon außergewöhnlich. Das Seltenste auf der Erde ist, finde ich, die Eigenschaft des Menschseins.

Menschheit und Menschlichkeit sind viel weniger selten.

»Es ist heldenhaft, etwas von dem, was wir sehen, zu verstehen.«[35] In der Tat. Eine ausgesprochen heldenhafte Sache. Der, der das sagte, war sicher auf die Landstraßen und auf die Gassen gegangen und hatte gestaunt darüber, wie wenig er verstehen konnte.

Sich selbst zu verstehen ist nicht ganz so heldenhaft. In die verborgenen grauen Schatten der tiefen Angelegenheiten einzudringen ist kein lohnender Auftrag. Ich mache es nicht aus freien Stücken. Niemand trägt freiwillig einen Mühlstein um den Hals. Wenn ich sehe, was unter den grauen Schatten sich versteckt – wenn ich eine Vision *meiner Selbst* erblicke –, erfasst mich eine seltsame, kranke Angst.

Kein lohnender Auftrag – aber einer, um den ich nicht herumkomme.

– Und was das betrifft, bin ich selbst eine Närrin. –

Aber. Sich selbst gut zu kennen ist eine seltene, feine Kunst.

Ich analysiere mich heute. Ich analysierte mich, als ich drei Jahre alt war.

Der einzige Unterschied ist, dass mir im Alter von drei Jahren nicht bewusst war, dass ich analysierte. – Es ist wahr, das ist ein großer Unterschied. – Jetzt weiß ich, dass ich mit neunzehn analysiere, und jetzt weiß ich, dass ich mit drei analysierte.

Und im Alter von neunzehn Jahren ist mir klar, dass ich ein Genie bin.

Ein Genie, das nicht weiß, dass es ein Genie ist, ist keines. Ein betrunkener Mann könnte auf ein Klavier zutorkeln und zufällig Musik spielen, die die Seele berührt – die zu den Mysterien vordringt. Aber er kennt seine Macht nicht und er ist kein Genie, obwohl Menschen davon erwachen und verrückt werden.

Ich weiß, ich bin ein Genie, mehr als jedes bislang lebende Genie.

Ich ahne, dass die Welt das nie erfahren wird.

Und wenn ich daran denke, frage ich mich, ob die Engel nicht irgendwo deswegen weinen.

31. März

> *Sie sagte nur: »Mein Leben ist trüb*
> *er kommt nicht«, sagte sie;*
> *Sie sagte, »Ich bin müde, so müde.*
> *Ich wünschte, ich wäre dahin.«*[36]

Den ganzen Tag kreist und schwimmt dieses das Herz krank machende Lied von Mariana in meinem Kopf herum. Ich wachte früh am Morgen damit auf, und jetzt zur späten Stunde ist es immer noch in mir. Ich fragte mich im Laufe des Tages, warum dieser sehr sanfte und teuflisch eindringliche Refrain mich nicht in den Wahnsinn trieb oder in Krämpfe versetzte. Vergeblich versuchte ich, mich auf ein Buch zu konzentrieren. Ich begann *Die Mühle am Floss*[37] zu lesen, aber diese merkwürdigen Verse waren nicht abzuwehren. Sie verhexten mein Gehirn. Jetzt höre ich beim Schreiben zwanzig Stimmen, die den Refrain in traurigem Moll skandieren – zwanzig Stimmen, die mein Gehirn mit Tönen füllen, bis es explodiert. »Er kommt nicht – er kommt nicht – er kommt nicht.« »Ich wäre dahin« – »Ich bin müde, so müde«, – »ich wäre dahin – ich wäre dahin.« »Er kommt nicht – ich wäre dahin.«

Es macht mich verrückt, weil es perfekt auf die Musik meines eigenen Lebens passt.

Jetzt, wo ich es aufgeschrieben habe, kann ich hoffen, dass es mich in Ruhe lässt. Wenn es mich durch die Nacht verfolgt und ich in einen weiteren Tag damit hinein erwache, reißen ganz bestimmt die Saiten meines strapazierten Bewusstseins.

Aber gedankt sei dem lieben Teufel.

Sie verlassen mich jetzt!

Es ist, als würden Tonnen fortgenommen, die auf meinem Gehirn lasteten.

2. *April*

Wie kann jemand ein Kind in die Welt setzen und es nicht mit jener gewissen wunderbaren Zärtlichkeit umhegen, die für immer bei ihm bleiben wird!

– Es gibt Menschen, in die ihre eigenen Seelen nie Eingang gefunden haben. –

Meine Mutter hat eine kleine Zuneigung zu mir – zu meinem Körper, weil er aus ihr kam. Das ist nichts – nichts.

Eine Henne liebt ihr Ei.

Eine Henne!

3. *April*

Heute Abend saß ich in der langsam sich verdichtenden Dämmerung am Fenster und unterhielt mich eine Stunde lang leidenschaftlich mit dem Teufel. Ich stellte mir vor, dass ich mit gefalteten Händen und gekreuzten Beinen auf einem hässlichen, aber bequemen Sofa in einem nicht näher beschriebenen Raum saß.

Und der faszinierende Mann-Teufel saß in der Nähe, auf einem zerbrechlichen Rattanstuhl.

Er war aus freien Stücken gekommen, um mit mir über das Wetter zu plaudern. Er war guter Laune, und ich amüsierte und interessierte ihn. Was mich selbst betraf, war ich sehr froh, den Teufel dort sitzen zu sehen, und empfand alles lebhaft, wie immer. Aber ich saß ganz ruhig da.

Der faszinierende Mann-Teufel hat faszinierende, stahlgraue Augen, und sie sahen mich mit allen Arten von Blicken an – von verwirrt bis zärtlich.

– Es wäre leicht – oh, wie leicht – diesen Augen bis ans Ende der Welt zu folgen. –

Der Teufel lehnte sich im zerbrechlichen Rattanstuhl zurück und sah mich an.

»Und jetzt, wo ich hier bin, Mary MacLane«, sagte er, »was willst du?«

»Ich will, dass Sie mich heiraten«, erwiderte ich sofort. »Und ich will es mehr, als seit dem Anbeginn der Welt je irgendwas gewollt wurde.«

»Ach? Ich fühle mich geschmeichelt«, sagte der Teufel und lächelte zart, bezaubernd.

Ich war hingerissen von diesem Lächeln, ich war enthusiasmiert, und aufgrund irgendeiner seltenen Empfindung zogen sich all die kleinen Nerven zusammen, die mich von den Fersen bis zur Stirn durchlaufen. Und doch war das Lächeln nicht für mich, sondern vielmehr eher über mich.

»Aber«, fuhr er fort, »du musst wissen, dass ich Frauen nicht zu heiraten pflege.«

»Gewiss nicht«, stimmte ich zu, »und ich bitte da nicht um eine besondere Auszeichnung. Was immer Sie mir schenken, so wenig auch immer, wird für mich Ehe bedeuten.«

»Und wäre die Ehe an sich so eine Kleinigkeit?«, fragte der Teufel.

»Die Ehe«, sagte ich, »wäre eine große, oh, eine wunderbare Sache, die schönste von allen. Ich will, was gut ist, so gut ichs beim Licht meines Verstandes erkenne, und weil ich ein Genie bin, ist das Licht ein vielflammendes und weitreichendes.«

»Was sagt dir dein Licht nun?«, fragte der Mann-Teufel.

»Es sagt mir dies: dass nichts in der Welt Bedeutung hat, wenn keine Liebe dabei ist, und wenn Liebe dabei ist und es den Tugendhaften eine noch so öde und verrufene Sache zu sein scheint, hat es dennoch – dank der Liebe – am Allerhöchsten teil.«

»Und hast du den Mut zu deinen Überzeugungen?«, sagte er.

»Wenn Sie mir«, antwortete ich, »das anböten, was den blindlings Tugendhaften das Allerschlimmste scheint, wäre es doch für mich die rote, rote Linie am Himmel, meines Herzens Begehr, mein Leben, meine Ruhe. Sie sind der Teufel. Ich habe mich in Sie verliebt.«

»So scheint es«, sagte der Teufel. »Und wie fühlt es sich an, verliebt zu sein?«

Beherrscht saß ich auf dem hässlichen roten Samtsofa, die Hände gefaltet und meine Knöchel über Kreuz, und versuchte dieses herrliche Gefühl zu beschreiben.

»Es fühlt sich an«, sagte ich, »als ob Funken von Feuer und Eiskristalle in meinen Adern zusammen mit meinem Blut revoltierten; als ob tausend Nadeln mein Fleisch stächen, und jede zweite ein Stich der Lust und jede andere ein Schmerzstich wäre; als ob mein Herz auf ein Bett von Samt und Baumwolle zur Ruhe gelegt, aber durch süße Arien auf der Violine wachgehalten würde; als ob Milch und Honig und Kirschblüten in meinen Magen flössen und dort spurlos verschwänden; als ob seltsame schöne Welten vor meinen Augen ausgebreitet lägen, chaotisch und rasch abwechselnd mal in blendendem Licht, mal in kompletter Finsternis; als ob Pulver der Iriswurzel in die Falten meines Gehirns gestreut würde; als ob Zweige nasstropfender Süßfarne in meinen heißen Leinenkragen gesteckt würden; als ob – nun, Sie wissen doch«, endete ich plötzlich.

»Sehr gut«, sagte der Teufel. »Du bist verliebt. Und du sagst, du bist in mich verliebt.«

»Oh, in Sie!«, rief ich mit unterdrückter Heftigkeit. Die Anstrengung, diese Heftigkeit zu unterdrücken, kostete mich kiloweise Nerven. Aber ich hielt meine Hände weiter still gefaltet und meine Beine über Kreuz, es war ein Triumph der Selbstkontrolle. »Ich will, dass Sie mich heiraten«, fügte ich hinzu, allmählich am Verzweifeln.

»Und du denkst«, erkundigte er sich, »dass, abgesehen von der Meinung der weisen Welt, es eine passende Ehe wäre?«

»Eine passende Ehe!«, rief ich. »Ich hasse eine passende Ehe! Nein, es wäre unpassend. Es wäre *bohémien*, unerhört, zum Niederknien!«

Der Teufel lächelte.

Diesmal war das Lächeln für mich. Und oh, die lange, alte, überwältigende Bezauberung des Lächelns stahlgrauer Augen! – der stahlgrauen Augen des Teufels!

Es ist eins der Dinge, an die man sich erinnert.

»Du bist ein wunderschön offenherziges kleines weibliches Geschöpf«, sagte er. »Offenherzigkeit ist dieser Tage eine vergessene Kunst.«

»Ja, ich bin wunderschön offenherzig«, antwortete ich. »Von den zahllosen Millionen der vom Teufel Benedeiten bin ich eine, die sich selbst anerkennt.«

»Aber du bist dabei nicht treu«, sagte der Mann-Teufel.

»Ich bin eine Lügnerin«, antwortete ich.

»Sicher bist du eine Lügnerin«, sagte er, »aber du bleibst bei deinen Lügen. Wenn man bei etwas bleibt, ist es Treue.«

»So ist es«, antwortete ich. »Trotzdem bin ich so falsch, wie eine Frau nur sein kann.«

»Aber du weißt, was du willst.«

»Oh ja«, sagte ich, »Ich weiß, was ich will. Ich will, dass Sie mich heiraten.«

»Und warum?«

»Weil ich Sie liebe.«

»Das ist natürlich ein ausgezeichneter Grund«, sagte der Teufel.

»Ich will einmal im Leben glücklich sein«, sagte ich. »Ich war nie glücklich. Und wenn ich einen goldenen Tag lang glücklich sein könnte, wäre ich zufrieden, und ich könnte mich in den langen Jahren danach daran erinnern.«

»Und du bist ein merkwürdig pathetisches kleines Tier«, sagte der Teufel.

»Ich bin pathetisch«, sagte ich. Ich drückte meine Hände sehr fest aneinander. »Ich weiß, dass ich pathetisch bin: Und aus diesem Grund bin ich die am furchtbarsten Pathetische auf der ganzen Welt.«

»Arme kleine Mary MacLane«, sagte der Teufel. Er beugte sich zu mir vor. Er sah mich mit diesen seltsamen, herrlich zärtlichen, himmlischen stahlgrauen Augen an. »Arme kleine Mary MacLane«, sagte er wieder, mit einer Stimme wie das Morgengrauen. Und die Augen – der Blick der stahlgrauen Augen drang in mich ein und erregte mich durch und durch. Er ängstigte mich und besänftigte mich. Er folterte mich und tröstete mich. Er riss mich mit unbegreiflicher Zärtlichkeit so hin, dass ich meinen Kopf neigte und beim Atmen aufschluchzte.

»Weißt du nicht, Kleines«, sagte der Mann-Teufel, sanft, mitleidig, »dass dein Leben immer sehr hart für dich sein wird – härter, wenn du glücklich bist, als wenn du im Nichts herumwanderst?«

»Ich weiß – ich weiß. Trotzdem will ich glücklich sein«, schluchzte ich. Ich fühlte den Anflug einer alten, dicken, schweren Qual. »Es ist Tag für Tag. Es ist Woche um Woche. Es ist Monat um Monat. Es ist Jahr für Jahr. Es ist nur Zeit, die geht und geht. Es gibt kein Glück. Es gibt keine Herzensleichtigkeit. Es gibt nur das Vergehen der Tage. Ich bin jung und ganz allein. Immer bin ich allein gewesen: als ich fünf war und im feuchten Gras lag und mich selbst quälte, um die Tränen zurückzuhalten; und durch die kalten, einsamen Jahre hindurch bis jetzt – und jetzt hilft keine Folter, die Tränen zurückzuhalten. Es gibt niemanden – nichts –, das mir hilft, es zu ertragen. Es ist mehr als erbärmlich, wenn man neunzehn ist, voll mit jungem neuem Gefühl, und nirgendwo etwas anderes als Nichts sieht – nur lange dunkle einsame Jahre hinter sich und vor sich. – Niemand, der mich liebt, und lange, lange Jahre. –«

Ich hielt inne. Die grauen Augen waren auf mich gerichtet. Oh, es waren die stahlgrauen Augen! – und in ihnen lag ein Ausdruck. Die lange, bittere Prozession meines Nichts vermischte sich mit diesem Blick, und ihr Aufeinandertreffen war wie das Zusammenfügen zweier Hälften.

Ich weiß nicht, was mir den tieferen Schmerz zufügt – die

Einsamkeit und die Müdigkeit meines Sands und meiner Ödnis oder der Ausdruck in den stahlgrauen Augen. Aber wie immer würde ich mit Freuden alles verlassen und den Augen bis ans Ende der Erde folgen. Sie sind wie der Sonnenuntergang. Und sie sind wie blasse, schöne Sterne. Und sie sind wie die Schatten der Erde und des Himmels, die sich im Dunklen treffen.

»Warum«, fragte der Teufel, »bist du in mich verliebt?«

»Sie wissen so viel – so viel«, antwortete ich. »Ich denke, das muss es sein. Die Weisheit der Sphären ist in Ihrem Gehirn. Und also müssen Sie mich verstehen. Denn niemand versteht all diese glosenden Gefühle, aus denen mein größter Schmerz besteht. Sie müssen sicherlich auch ihre feinste Regung kennen. – Und Ihre Augen! Oh, es ist doch gleichgültig, warum ich in Sie verliebt bin. Es reicht, dass ich es bin. Und wenn Sie mich heiraten würden, würde ich Sie glücklicher machen, als Sie schon sind.«

»Ich bin gar nicht glücklich«, sagte der Mann-Teufel. »Ich bin nur zufrieden.«

»Zufriedenheit«, sagte ich, »anstelle von Glück, ist ein unangenehmes Gefühl. Kein einziger Ihrer zahllosen Anhänger liebt Sie. Sie dienen Ihnen treu und kundig, aber bei alledem hassen sie Sie. Immer hassen die Leute ihren Tyrannen. Sie sind mein Tyrann, aber ich liebe Sie einnehmend, wahnsinnig. Das Glück bestünde für mich darin, mit Ihnen zu leben und zuzusehen, wie Sie glücklich gemacht würden durch die überwältigende Flut meiner Liebe.«

»Es interessiert mich«, sagte er. »Du bist eine furchtbar interessante weibliche Philosophin – und deine Philosophie ist so ganz nach meinem Herzen, in ihrer fehlenden *Tugend*. Man kann nur hoffen, dass du nicht ›intellektuell‹ bist, eine unverzeihliche Eigenschaft.«

»Bin ich definitiv nicht«, antwortete ich. »Intellektuelle sind verabscheuenswürdig. Sie haben blasse Gesichter und schlechte Mägen und schlechte Lebern, und wenn sie Frauen sind, sind ihre Korsette mit Sicherheit zu eng geschnürt und wahrscheinlich schwarz. Wenn sie Männer sind, sind sie *weich*, was schlimmer ist. Und nie im Leben wissen sie, was es heißt, den ganzen Tag durch den Regen zu gehen oder sich am Boden im Dreck zu wälzen. Und vor allem verlieben sie sich niemals in den Teufel.«

»Sie sind unangenehm«, stimmte der Teufel bei. »Falls ich dich heiratete, wie lange wärst du glücklich?«

»Drei Tage lang.«

»Du bist weise«, sagte er. »Du bist in manchen Dingen wunderbar weise, obwohl du noch sehr jung bist.«

»Ich bin weise«, antwortete ich. »Vom Geschlecht der Frauen und neunzehn Jahre alt, bin ich mehr als bereit, für die Liebe absolut alles aufzugeben, was nach Ansicht der Welt gut sein soll, in meiner eigenen Sicht hingegen abscheulich ist. Alles für die Liebe. Daher bin ich weise. Ich bin außerdem eine Närrin.«

»Warum bist du eine Närrin?«

»Weil ich ein Genie bin.«

»Deine Logik ist eine gute Logik«, sagte der Teufel.

»Meine Logik – oh, ich mache mir nichts aus Logik«, sagte ich mit plötzlich vollkommener Müdigkeit. Ich fühlte mich wie begraben und eingewickelt in Müdigkeit. Alles verlor seine Farbe. Alles wurde kalt.

»In diesem Moment«, sagte der Teufel, »fühlst du dich, als ob dir überhaupt nichts etwas bedeutete. Aber wenn ich wollte, könnte ich dich verwandeln. Ich könnte deine Seele ins Paradies küssen.«

Ich antwortete tonlos: »Ja.«

»Eine Stunde«, sagte der Teufel, »ist nicht sehr lang. Aber wir wissen, dass sie lange genug ist, um darin zu leiden und um verrückt zu werden und um zu leben und um glücklich zu sein. Und die Welt enthält eine ganze Menge Stunden. Jetzt verlasse ich dich. Es ist wahrscheinlich, dass ich nie wiederkomme, und es ist wahrscheinlich, dass ich wiederkomme.«

Alles verschwand. Ich saß immer noch an meinem Fenster in der Dämmerung. »Es ist trübselig«, sagte ich.

Aber ja. Die Welt enthält eine ganze Menge Stunden.

4. April

Ich habe um Brot gebeten, manchmal, und einen Stein bekommen.

Oh, das ist bitter – oh, es ist erbärmlich, erbärmlich!

Ich finde, dass ich nicht so weit von menschlichen Wesen entfernt bin. Ich kann noch niedergedrückt werden, verletzt, betäubt – durch die Haltung menschlicher Wesen.

Heute suchte ich nach menschlicher Güte, und mir wurde Kälte geschenkt. Ich stieß menschliche Wesen ab.

Ich bat um Brot, und man gab mir einen Stein.

Oh, es ist bitter – bitter.

Oh, ist irgendetwas auf der Welt bitterer als das?

Gott, wo bist du! Ich bin zerdrückt, verletzt, betäubt – und oh, – ich bin allein!

10. April

Ich besitze einen Sinn für Humor, der teilhat am Göttlichen im Leben – denn es gibt sogar in dieser chaotischen Ironie göttliche Dinge. Mein Genie ist nicht göttlich. Meine Erbärmlichkeit ist nicht göttlich. Meine Philosophie ist nicht göttlich, auch nicht meine Originalität, auch nicht mein kühnes Denken. Sie sind der Erde eigentümlich.

Aber mein Humor –

Er ist viel zu tief, um Gelächter zuzulassen. Es ist ein Humor, der mein Herz mit hohen, unerreichten Genüssen schmelzen lässt, die durch meinen Körper herunterrieseln wie alter gelber Wein.

Ein seltener Ton in der Stimme eines Menschen, ein starker

Ausdruck der Wut in einem Paar schiefergrauer Augen, eine feine Schattierung im Vergleich und Kontrast zwischen einem Wort in einem Gespräch und einem Regenwurmmuster auf einem Schlafrock aus Baumwolle – solche Dinge zeigen mir, dass ein Gott lacht.

Eines Tages letzten Sommer machte eine italienische fahrende Händlerin an unserer Hintertür Halt und ruhte sich aus. Ich stand im Türrahmen, und die Fahrende und ich unterhielten uns. Sie hatte ein dreckiges weißes Schnupftuch über den Kopf gebunden – wie alle italienischen Hausiererinnen – und sie hatte einen Teleskopkoffer, gefüllt mit Strumpfbändern und Haarnadeln und Seife und Kämmen und Bleistiften und Porzellanknöpfen auf blauen Kartonkarten und Schleudern und Reißzwecken und Traumbüchern und Mundharmonikas und grünen Glasperlen und Maultrommeln dabei. – Es ist etwas Faszinierendes am Teleskopkoffer einer fahrenden Händlerin. – Diese fahrende Händlerin trug eine schwarze Satinjacke und einen uralten Umhang. Sie sagte, sie würde sich gerne hier eine Weile ausruhen, und ich gab ihr die Erlaubnis. Ich wollte immer schon mit einer Hausiererin reden, und meine Mutter ließ sie nie ins Haus.

»Ist es schön, fahrende Händlerin zu sein?«, fragte ich sie.

»Ist es net schlecht«, antwortete die Händlerin.

»Machen Sie sehr viel Geld?«, fragte ich als Nächstes.

»Manchmal ja, manchmal nein«, sagte die Frau. Sie sprach mit einem Akzent, der zwar italienisch war, aber unverwechselbar anzeigte, dass sie in Butte gelebt hatte.

»Na, aber machen Sie gerade so viel, dass Sie davon leben können, oder haben Sie etwas auf die Seite legen können?«, fragte ich.

»Hob i vierhundert Dollar auf der Bank«, antwortete sie. »I machen seit acht Jahren die Runde.«

»Acht Jahre unterwegs bei jedem Wetter«, sagte ich, »Ihre Philosophie muss auch peripatetisch sein. Haben Sie nie Rheuma in den Knien?«

»Hob i Rheuma in jede Knochen von meine Körper«, sagte die Frau. »Irgendwann muss i aufhören.«

»Haben Sie einen Ehemann?«, wollte ich wissen.

»Hob i eine Mann – oh ja«, sagte die fahrende Händlerin.

»Und wo ist er?«

»Ist er wieder zurück in Italien.«

»Warum kommt er nicht hierher und arbeitet für Sie?«, fragte ich.

»Ja, warum kommt net?«, sagte die Frau. »Der Mann hat ein Glück, wenn er zu essen was kriegt – ja.«

»Warum schicken Sie ihm nicht Geld, dass er sich hierher durchschlagen kann, wenn Sie so viel Erspartes haben?«, fragte ich.

»Heilige Gott!«, sagte die Händlerin. »Hob i für diese Geld hart gearbeitet. Hob i jede Cent gespart. I net gehen und schmeißen in Mistkübel. I net. Diese Mann geht gut, dort wo ist er.«

»Warum haben Sie ihn geheiratet?«, fragte ich.

Die Händlerin sah mich an mit jenem Blick, der die Botschaft zu übermitteln scheint, dass Neugier schon Katzen um die Ecke gebracht hat.

»Warum?«, ließ ich nicht locker – »Aus Liebe?«

»Hob i ihn geheiratet, als i junge Mädchen war. Und mein Mann auch war er jung.«

»Ja, aber warum haben Sie es gemacht? War er furchtbar lieb, und sagte er Ihnen furchtbar süße Dinge?«

»Er war ganz Süßer – oh, das war er«, sagte die Händlerin. Sie grinste. »Und war i auch jung.«

»Und Ihnen hat es gefallen, als Sie jung waren und er süß war, oder?«

»Ja, so kann man sagen. War i jung damals«, antwortete sie.

Die Tatsache, dass man jung ist, scheint – im Denken der italienischen fahrenden Händlerin – eine Schwäche in manchen wesentlichen Punkten anzudeuten.

»Und jetzt gefällt Ihnen Ihr Mann nicht mehr?«, fragte ich.

»Der Mann geht ihm gut, ist er in Italien«, antwortete die Frau.

»Nun«, meinte ich, »hätte ich einen Mann, der einst so süß gewesen ist, als ich jung war, aber der nicht mehr süß ist, würde ich ihn auch in Italien zurücklassen.«

»Sie auch bald kriegen eine Mann«, sagte die fahrende Händlerin.

Das interessierte mich.

»Jede kriegen eine Mann – oh ja, kriegen sie«, sagte sie. »Aber kann sein is besser wenn Sie als fahrende Händlerin arbeiten, sag i Ihnen.«

»Ja, ich denke, es könnte amüsant sein, eine Weile fahrende Händlerin zu sein«, sagte ich. »Aber ich würde den Mann auch haben wollen, jedenfalls, wenn er so ein Süßer ist.«

Die fahrende Händlerin hob den Teleskopkoffer auf.

»Ja«, meinte sie, »ein Mann ist er zwei Tage süß, drei Tage süß, dann – heilige Gott! hot er nie gearbeitet, hot er sich betrunken, hot er geraufen, hot er gemacht Hölle heiß.«

Die fahrende Händlerin nickte mir zu und humpelte aus dem Hinterhof. Der Teleskopkoffer war schwer. Beim Gehen hängte sich jeder Muskel in ihrem Körper in seinen Dienst. Sie hatte ein schweres, solides Aussehen. Sie wirkte, als könnte sie dreihundert Pfund wiegen, obwohl sie klein war. Die Nachmittagssonne schien hell auf ihr dreckiges Taschentuch, auf ihr braunes, schönes Gesicht, auf ihre Hände mit den Messingringen, auf ihre schwarze Satinjacke und den uralten Umhang.

Während ich ihr zusah, wie sie sich entfernte, dachte ich bei mir: »Zwei Tage, drei Tage, dann – heilige Gott! hot er nie gearbeitet, hot er sich betrunken, hot er geraufen, hot er gemacht Hölle heiß.«

Ich war mir eines intensiven Humors bewusst, der so weit über ein Lachen hinausging, dass er sogar für Tränen zu tief war. Aber undeutlich fühlte ich Tränen, während ich der fahrenden Händlerin zusah, wie sie die Straße hochhumpelte.

Es war kein Pathos. Es war Humor – Humor. Mein Gefühl war das eines lebhaften Vergnügens – Vergnügen angesichts der Frau, des Teleskopkoffers und ihrer Konversation, die sich mit meiner vermischte.

Dieses Gefühl ist göttlich, und ich kann es nicht fassen.

Als ich der italienischen Händlerin nachblickte, wurde mir mit plötzlicher Heftigkeit klar, dass die Erde nur die Erde ist, aber dass hier und da eine göttlich brillante Hand angelegt wurde.

Solange und sooft ich auch in intensiver, stiller Leidenschaft dagesessen und den roten, roten Himmel des Sonnenuntergangs angesehen habe, habe ich nie diesen göttlichen Sinn gefühlt.

Er kommt nur durch Humor.

Er kommt nur in Begleitung einer italienischen fahrenden Händlerin in einer schwarzen Satinjacke und einem uralten Umhang.

Meine Seele – wie schwer sie geht.

Das Leben ist wie ein Treck im Frühling einen Hügel hinauf. Und wenn wir oben sind, wundern wir uns, warum wir da sind. Oh Gnade, flehe ich, mit einer dumpfen Ahnung, dass die Reise so lang ist – so lang, und ein menschliches Wesen ist weniger als ein Atom.

Die solide, schwere Gestalt einer italienischen Hausiererin mit einem Teleskopkoffer, die in der Nachmittagssonne davonhumpelt, überzeugt mich mehr von den Dingen, die da sind, als das Heulen von Legionen von Seelen, falls man die hören könnte.

– Denn die Welt muss unterhalten werden. –

Und der Wind der Welt bläst, wo er will.[38]

11. April

Ich schreibe der Anemonendame eine Menge Briefe. Manche schicke ich ihr und manche behalte ich mir, um sie selbst zu lesen. Ich lese gerne Briefe, die ich geschrieben habe – besonders die, die ich ihr geschrieben habe.

Hier ist ein Brief, den ich vor zwei Tagen an meine eine Freundin schrieb:

An Sie: –

Und wissen Sie nicht, meine Liebste, meine Freundschaft mit Ihnen enthält noch anderes. Sie enthält Vernarrtheit und Verehrung und Verzauberung und Vergötterung und einen kleinen Altar in meiner Seelenkammer, auf dem Räucherwerk abbrennt in einer kleinen blaugoldenen Schale.

Ja, all das.

Mein Leben besteht aus vielen Ergüssen. Alle Ergüsse kommen an einem Punkt zusammen. Sie, Liebste, sind der Punkt, an dem sie zusammenkommen. Es gibt keinen anderen.

Sie sind die Anemonendame.

Sie sind die, die ich lieben darf.

Wenn ich bedenke, dass in der Welt ein wunderschöner Mensch lebt, den ich lieben darf!

Es ist wunderbar.

Mein Leben sehnt sich nach Ihrem Anblick. Meine Sinne schmachten nach einer Anemone, die ihren Duft um sie herum verströmt.

Vor einem Jahr, als Sie an der High School waren, ging ich oft dort zu der Zeit vorbei, zu der Sie aus hatten und nach Hause gehen würden, damit mein Leben kurz von Ihrem Anblick erfüllt sein konnte. Sie wussten nicht, dass ich da war – nur ein paar Mal, als ich Sie ansprach.

Und nun erinnere ich mich an Sie.

O meine Liebste – Sie sind die einzige auf der Welt!

Wir sind zwei Frauen. Sie lieben mich nicht, aber ich liebe Sie –

Sie waren wunderbar – auf wunderschöne Art gütig zu mir.

Sie sind die Einzige, die jemals überhaupt gütig zu mir war.

Hierin liegt etwas Schwindelerregendes – etwas vom Namenlosen.

Es ist ein alter Schmerz und ein Leid, neunzehn Jahre alt zu sein und sich an niemanden zu erinnern, der je freundlich war. Aber was ist es – was glauben Sie? –, am Ende von neunzehn Jahren endlich auf jemanden zu treffen, der wunderbar und auf wunderschöne Art gütig ist!

Jene Menschen, die immer jemanden hatten, der lieb zu ihnen war, können sich überhaupt nicht vorstellen, wie sich das anfühlt.

Wenn ich manchmal in diesen Frühlingstagen meilenweit in die Gegend hineinlaufe, bis in die kleine sumpfige Schlucht mit dem Kalmusgras, frage ich mich, warum mich diese Tatsache nicht glücklich macht. »Sie ist wunderbar-wunderschön lieb«, sage ich mir – »und sie ist die Anemonendame. Sie ist *wundersam* lieb und obwohl sie auf und davon ist, ist diese Tatsache unveränderlich.«

Aber ich bin nicht glücklich.

O meine eine Freundin – was ist das Problem mit mir? Was ist dieses Gefühl? Warum bin ich nicht glücklich?

Aber wie können Sie das wissen?

Sie sind schön.

Ich bin ein kleines, widerliches Geschöpf.

Immer wird mir diese Tatsache bewusst, wenn ich an die Anemonendame denke.

Ich bin nicht gut.

Aber Sie sind lieb zu mir – Sie sind lieb zu mir – Sie sind lieb zu mir.

Sie haben mir zwei Briefe geschrieben.

Die Anemonendame stieg von ihrer Höhe herab und schrieb mir zwei Briefe.

Man sagt, dass irgendwo ein Gott ist. Das mag sein.

Aber Gott ist noch nie von seiner Höhe herabgekommen, um mir zwei Briefe zu schreiben.

Sehen Sie, Liebste – Sie sind die Einzige auf der Welt.

Mary MacLane

Oh, die Trübheit, das Nichts!

Tag für Tag – Woche für Woche, – ist es dumpf und grau und ermüdend. Es ist *fad*, FAD, **FAD**!

Niemand liebt mich auf der Welt, nicht im Geringsten.

»Mein Leben ist trüb – er kommt nicht.«

Ich bin unglücklich – unglücklich.

Es regnet. Der blaue Himmel weint. Aber er weint nicht deswegen, weil ich unglücklich bin.

Ich hasse den blauen Himmel und den Regen und die nasse Erde und alles. Heute Morgen ging ich weit über den Sand und diese Dinge täuschten mir vor, dass sie mich liebten – und dass ich sie liebte. Aber sie narrten mich. Alles narrt mich. Ich bin eine Närrin.

Niemand liebt mich. Es gibt hier Menschen. Aber niemand liebt mich – niemand versteht – allen ist es gleich.

Ich bin da, und die Ödnis ist da. Ich bin da – jung und völlig alleine.

Barmherziger Himmel! – aber nein, der Himmel ist nicht barmherzig.

Der Himmel hat mich auch genarrt, mehr als einmal.

Für jeden, den ich je gekannt habe, gibt es etwas – irgendetwas Zärtliches. Aber was gibt es für mich? Woran aus den ganzen langen Jahren werde ich mich erinnern können?

Der blaue Himmel weint, aber nicht für mich. Der Regen ist zäh und schwer wie Verdammnis. Er fällt auf meinen Geist und ärgert meinen Geist. Er fällt auf meine Seele und verletzt meine Seele. – Alles verletzt meine Seele. – Er fällt auf mein Herz, und das Holz meines Herzens verwirft sich.

Vom Geschlecht der Frauen und neunzehn Jahre alt, eine Philosophin der peripatetischen Schule, eine Diebin, ein Genie, eine Lügnerin und eine Närrin – und unglücklich und mit Entsetzen und hoffnungsloser Verzweiflung voll bis zum Rand. Was ist mein Leben? Oh, was gibt es für mich!

Es gab immer Nichts. Es wird immer Nichts geben.

Es gab eine elende, verdammte, jämmerliche, einsame Kindheit. Sie selbst ist vorbei, aber der Schmerz, den sie hinterließ, bleibt. Der Schmerz ist in mir und addiert sich zum Schmerz der Gegenwart. Es ist ein Schmerz, der nie in Vergessenheit geraten kann. Die Schmerzen der Kindheit waren die Schmerzen des Nichts. Die Schmerzen der Gegenwart sind die Schmerzen des Nichts. Oh, die pathetische groteske Tragödie des Nichts!

Es ist grotesk, aber nichtsdestotrotz eine Tragödie. Es ist eine Tragödie, die sich nach innen frisst.

Da bin nur ich, und der Sand, und die Ödnis.

In meinem ganzen Leben habe ich nichts Zärtliches. Der Sand und die Ödnis haben keinen Grashalm.

Ich möchte, dass mich ein Mensch liebt. Ich brauche das. Ich verhungere sonst.

Bitterste salzige Tränen quellen hoch – Schluchzer schütteln sich aus den Tiefen hervor. Oh, wie das Salz bitter ist. Ich könnte mich hinlegen und den ganzen Tag und die ganze Nacht weinen – das Salz würde bitterer und bitterer.

Aber das Leben in seiner Nichtigkeit ist noch bitterer.

Am tragischsten von allem ist die groteske Tragödie.

Es ist ein inwendiges Sterben, das nie zu Ende geht. Es ist die Bitterkeit des Todes, die zur Bitterkeit des Lebens hinzukommt.

Welche Hölle gleicht dem Leben eines kleinen, schwachen Menschen, der auf die Erde kommt – und *allein*gelassen wird?

Es gibt Menschen, die leben und genießen. Aber meine Seele und ich – wir finden das Leben zu bitter und zu schwer, um es alleine zu tragen. Zu bitter und zu schwer.

Oh, könnten meine Seele und ich jetzt in diesem Moment verschwinden, für immer!

Ich sitze und schreibe, draußen auf meinem Sand und meiner Ödnis. Im Westen ist der Himmel nun blass und verwaschen, aber vor ein paar Minuten war dort noch das selbe alte ewig neue Wunder der Rosen und des Goldes, und ein Blinken und Glühen von Silber und Grün, und ein Fluss aus Zinnober und Purpur – und schließlich die liebe, die schöne: die rote, rote Linie.

Es sind auch schwere, schwarze Schatten da.

Ich habe mein Herz all dem in Obhut gegeben.

Und wie immer sehe ich es – und fühle alles mit durchdringender Leidenschaft – und warte auf die Ankunft des Teufels.

*

Das Geleitwort:

28. Oktober, 1901

Da haben Sie nun meine Darstellung. Es ist das Dokument von drei Monaten Nichts. Diese drei Monate sind den drei vorangegangenen sehr ähnlich, sicher, wie auch den drei darauffolgenden – und wie all die Monate, die mit mir gekommen und gegangen sind, seit Anbeginn der Zeit. Es gibt nie etwas anderes; nie passiert etwas.

Jetzt werde ich meine Darstellung in die weise, weite Welt hinaussenden. Mag sein, dass sie im Verlagshaus liegen bleibt; oder sie fällt als Totgeburt aus der Presse; oder sie mag noch weiter gehen und ihr eigenes Verderben werden.

Das mag alles so sein.

Ich werde sie losschicken.

Was gibt es für mich sonst, wenn nicht dieses Buch?

Und oh, möge es jemand verstehen!

– Ich bin nicht gut. Ich bin nicht tugendhaft. Ich bin nicht mit-fühlend. Ich bin nicht großzügig. Ich bin nur und vor allem ein Wesen intensiven, leidenschaftlichen *Gefühls*. Ich fühle – alles. Das ist mein Genie. Es brennt mich ab wie ein Feuer. –

Meine Darstellung wird in ihrer Analyse und ihrer Egomanie und ihrer Bitterkeit sicherlich für manche von Interesse sein. Für den einen allein, der es verstehen mag, oder für manche, die selbst auch alleingelassen wurden; oder für jene drei, die ich, an drei trüben Tagen, um Brot bat, und die mir jeder einen Stein gaben – und denen ich nicht vergebe (denn das ist das Bitterste überhaupt): Vielleicht richtet sie sich an all diese.

Aber keiner von ihnen und überhaupt keiner kann das Gefühl kennen, das sich aus Erleichterung und Schmerz und Verzweiflung zusammensetzt und mich jetzt überkommt, wenn ich dar-an denke, all dies der weisen, weiten Welt anzuvertrauen. Es sind Stücke meines hölzernen Herzens dabei, abgebrochen und verschenkt. Es sind Perlenschnüre von Bernstein dabei, vom an-mutigen Hals meiner Seele abgenommen. Es sind leuchtende kleine Goldmünzen aus der roten Lederbörse meines Geistes dabei. Es ist meine kleine, alte Lebenstragödie.

Es bedeutet mir alles.

Verstehen Sie, es bedeutet mir *alles*.

Es wird Sie amüsieren. Es wird Ihr Interesse wecken. Es wird Ihre Neugier erregen. Manche Menschen werden es lächerlich finden. Es wird Ihnen Rätsel aufgeben.

Aber soll ich vermuten, dass es auch in kühlen, gleichgültigen Herzen Mitleid hervorrufen wird? Und, werden der Sand und die Ödnis kalten, kritischen Augen auch so grau und trübselig erscheinen wie meinen? Und wird meine bittere kleine Ge-schichte leicht und bequem ins Ohr derer gehen, denen es nichts ausmacht, sie zu hören, und eine Stunde lang verharren, und vergessen werden?

Wird selbst die weise, weite Welt mir einen Stein in meine ausgestreckte Hand legen –

Anhang

Anmerkungen

1   *Sweet Vale of Avoca* ... (trad.) Avoca ist ein Tal in Irland, in dem ebenfalls Kupferbergbau betrieben wurde.

2   Das Zitat stammt aus dem Roman *Victoire* (1864) von Mary Clemmer, in dem der Satz aber als Zitat aus einem »alten Buch« präsentiert wird.

3   Eine Zeile aus dem Gedicht »Omar Khayyam« von Justin Huntly McCarthy.

4   Das Zitat aus dem 18. Jahrhundert wird verschiedentlich und ohne klaren Nachweis Jean de la Bruyère oder Horace Walpole zugeschrieben. Es ist jedenfalls in den Volksmund übergegangen, ohne den Charakter eines Zitates zu verlieren, vermutlich dank des durch und durch kulturellen Inhalts.

5   Mary MacLane spielt an auf die Bibelstelle Lk 9,58 (Nachtrag für die 2. Auflage).

     Im Japanischen bedeutet der Begriff *Makura*, Kopfkissen (in Wirklichkeit eine Kopfstütze aus hartem Material, wie es auch bei den Römern üblich war), im Kontext der Dichtung einen Topos; und auch in Schottland und Irland konnte man damit rechnen, von Feen entführt zu werden, wenn man an bestimmten Stellen einnickte. Ähnliches leisten auch die in der Landschaft situierten Sagen und Kenntnisse, die dort, wo MacLane aufwächst, ausgerottet worden sind. Ignoranz ist der Fluch des Exils, der sich noch Generationen später auswirkt, wenn sich Leute längst für eingesessen halten. Ignoranz ist weder ganz selbstverschuldet noch ganz fremdverschuldet und ein zentrales Problem in einer globalisierten, industrialisierten Welt.

6   Figur aus Shakespeares Theaterstück *Wie es euch gefällt,* die im Wald lebt.

7   Zitat aus dem Gedicht »Afoot« von Sir Charles George Douglas Roberts (1860–1943):
    Comes the lure of green things growing,
    Comes the call of waters flowing –
    And the wayfarer desire
    Moves and wakes and would be going.

8   *Rubaiyat* oder *Rubai'at* ist eine persische Gedichtform mit dem Schema ›aaba‹. Die Übersetzungsgeschichte weicht im Deutschen von der französischen und englischen ab; MacLane las Michael R. Brown zufolge (annotierte Ausgabe von *I await the Devil's Coming,* 2016) eine

Übersetzung von Charles E. Norton (ca. 1896) von J. B. Nicolas' französischer Übersetzung (1867) der Rubaiyatsammlung des persischen Astronomen Omar Khayyām (1048–1131). Im Deutschen wurde die Sammlung um 1880 von Schack/Bodenstedt und 1912 von Rosen übersetzt. Hier ist aber schlicht die Version aus MacLanes Text übersetzt.

Generell kann man einen Einfluss auf oder eine Bekräftigung von MacLanes Denkhaltung in den hedonistischen Strophen des sufistischen Mystikers Khayyām finden, die in asiatischer Tradition (vgl. auch Li Bai / Li Bo / Li Po [701–762]) irdische Freuden feiern und zu ihnen ermutigen. Insbesondere aber feiern sie, abweichend von der Neunzehnjährigen, den Wein und die Wiederverwertung des Trinkerkörpers als Krug bzw. Ziegel.

9 Zitat aus einem Lied des schottischen Schriftstellers Charles MacKay (vgl. Charles MacKay, *188 Songs*).

> Vanity Let It Be
>
> Through wild-wood valleys roaming,
> A maiden by my side,
> I vowed to love her evermore,
> My beautiful, my bride.
> »All is vanity! vanity!«
> A wise man said to me:
> I pressed my true love's yielding hand,
> And answered frank and free
> »If this be vanity, who'd be wise?
> Vanity let it be«
> I sat with boon companions,
> And quaffed the joyous wine,
> We drank to Worth with three times three,
> To Love with nine times nine.
> »All is vanity! vanity!«
> Said Wisdom, scorning me:
> We filled our goblets once again,
> And sang with hearty glee
> »If this be vanity, Hip! Hurrah!
> Vanity let it be«

10 Zitat aus William Wordsworths Gedicht »I wandered lonely as a cloud«.

11 Zitat aus Shakespeare, King Henry VIII, Akt 3, Sc. 2.:

> And when he falls, he falls like Lucifer,
> Never to hope again.

12 William Dean Howells (1837–1920), US-amerikanischer naturalistischer Publizist und Romancier.

13 MacLane wusste 1901 offenbar nicht, dass Pool schon 1898 gestorben war. Später lebte MacLane mit Pools *companion* Caroline Branson zusammen.

14 Die Bibelstelle in der Webster-Übersetzung lautet: »Better is a dinner of herbs where love is, Than a stalled ox and hatred therewith.« In der Lutherbibel (2017) heißt das so: »Besser ein Gericht Kraut mit Liebe als ein gemästeter Ochse mit Hass.«

15 Verweis auf ein Gleichnis aus der Bibel.

16 Bibelzitat (Spr 6).

17 Zitat aus der ersten Strophe von Charles Wesleys Kirchenlied »Jesus, Lover of My Soul« (1740):

> Let me to Thy bosom fly,
> While the waters near me roll,
> While the tempest still is high.
> Hide me, O my Saviour, hide,
> Till the storms of life be past;
> Safe into the haven guide;
> Oh receive my soul at last!

18 Aus Robert Brownings »dramatischem Langgedicht« »By the Fireside« (1853):

> Oh, the little more, and how much it is!
> And the little less, and what worlds away!
> How a sound shall quicken content to bliss,
> Or a breath suspend the blood's best play,
> And life be a proof of this!

19 »Hoffnung, die sich verzögert, ängstet das Herz« (Bibel, Spr 13,12).

20 »Was ist dein Knecht, der Hund, dass er so große Dinge tun sollte?« (Bibel, 2. Kön 8,13).

21 Der Abbau von Erzen hatte in Butte um 1860 begonnen.

22 Attentäterin, die während der Französischen Revolution den Jakobiner Jean Marat im Bad erstach.

23 Aus Shakespeares *Kaufmann von Venedig*, I: 2, im Original:

> If to do were as easy as to know what were good to do,
> Chapels had been churches, and poor men's cottages
> Princes' palaces.

24 In Byrons Versepos *Don Juan* wird die Liebesaffäre zwischen der Piratin Haidée und dem Titelhelden ausführlich beschrieben.

25 Aus George Whitefield's Hymnenbuch, 1774 (oder noch früher?), 871: »Sweet the moments, rich in blessing, Which before the cross I spend; Life, and health, and peace possessing, From the sinner's dying friend.«

26 Aus John Milton's »Ode on the Nativity« (1629): »The winds, with wonder whist, Smoothly the waters kiss'd.«

27 Ein Verweis auf die Bibel (Mt 7,25).

28 Die anzitierte Hymne »Nearer, My God, to Thee« (1841) der englischen Dichterin Sarah Fuller Flower Adams (1805–1848) beruht auf einer Bibelstelle (Gen 28,11–19).

29 Aus dem Gedicht »Great, Wide, Beautiful, Wonderful World« des englischen Kinderdichters William Brighty Rands (1823–1882):

> Great, wide, beautiful, wonderful World,
> With the wonderful water round you curled,
> And the wonderful grass upon your breast –
> World, you are beautifully drest.
>
> The wonderful air is over me,
> And the wonderful wind is shaking the tree,
> It walks on the water, and whirls the mills,
> And talks to itself on the tops of the hills.«

30 Da die Kinderzeitschrift *Our Young* 1874 mit *St. Nicholas* fusionierte, war der Band, in dem MacLane las, Jahrzehnte alt.

31 Zitat aus William Wordsworths Gedicht »Lucy Gray«.

32 Lewis Carroll parodierte mit dem in *Alice in Wunderland* von Alice rezitierten Gedicht eine didaktisch seriösere Vorlage, Robert Southeys »The Old Man's Comforts and How He Gained Them« von 1799.

33 »Rest for the Weary« findet sich etwa im Kirchenlied des irisch-amerikanischen Geistlichen William Hunter (1811–1877):

> There is rest for the weary,
> There is rest for you.
> On the other side of Jordan,
> In the sweet fields of Eden,
> Where the tree of life is blooming,
> There is rest for you.

34 Bibel, Mt 7,16.

35 Ursprung unbekannt; der Beispielsatz in *Harvey's Language Course. Practical Grammar of the English Language*, 1868, könnte denselben haben.

36 Refrain aus Alfred Tennysons Gedicht »Mariana« (1830), einer Art Illustration einer Szene aus Shakespeares *Maß für Maß*:

> With blackest moss the flower-plots
> Were thickly crusted, one and all:
> The rusted nails fell from the knots
> That held the pear to the gable-wall.
> The broken sheds look'd sad and strange:
> Unlifted was the clinking latch;
> Weeded and worn the ancient thatch
> Upon the lonely moated grange.
> She only said, »My life is dreary,
> He cometh not‹, she said;
> She said, ›I am aweary, aweary,
> I would that I were dead!«

37 *The Mill on the Floss* (1860) von George Eliot.

38 »Der Wind bläst, wo er will« (Bibel, Joh 3,8).

Nachwort der Übersetzerin

Einmal tief durchatmen – es ist aus. Der dröhnende Bordun dieses Tagebuchs ist verstummt, wie nach wochenlangem durchgehendem Schichtbetrieb eine Tag und Nacht arbeitende Aushubmaschine. Der Aushub: Übermenschentum und Unzufriedenheit. Längst ist das Graben Selbstzweck geworden. Der Anspruch auf »mehr« kennt keine Sättigung, auch nicht in der Psyche. Doch anstelle der unmöglichen Zufriedenheit setzt die Lebenskünstlerin den Bruch.

Mary MacLane hat nun den Deckel ihres Tagebuchs zugeschlagen. Sie wird das Manuskript in die Schublade legen, um es einige Monate darauf erneut durchzulesen, zu sehen, dass es gut ist, und es an den nächstgelegenen Verleger zu schicken.

Vom ersten Satz an ist Mary MacLane eine voll ausgebildete Schriftstellerin. Sie weiß um die Rhythmen, den Takt, wann man eine Phrase klingen lassen muss, wann man sprachlich Reichtümer auftürmt, um sie in einem grandiosen Augenblick ins Leere fallen zu lassen. Sie hat dabei von der Natur gelernt, in der sie aufgewachsen ist. Alles, was sie tut, hat physikalische Präzision. Darin gleicht sie anderen als genial bezeichneten Schreibenden, die mit dem Rohstoff und mit den Kadenzen der Leidenschaft arbeiten, Sergej Essenin oder Emily Dickinson, Lawrence Sterne, Heinrich von Kleist oder dem im Zusammenhang mit MacLane oft erwähnten Walt Whitman. MacLanes Sätze atmen. Im rhythmischen Pas-de-deux von Welt und Schrift liegt eines der zentralen Elemente ihrer Meisterschaft. Auch die geradezu kosmische Geschmackssicherheit, die die Autorin unbeschadet durch die hohen Wellen der Übertreibungen trägt, ist in diesem Rhythmusgefühl verankert.

Für Abwechslung sorgt MacLane wie eine erfahrene Hedonistin: Auf Klagen folgt Jubel, auf liebevolle Beschreibungen der Umwelt ein rhetorischer Wolkenausflug. Orte und Szenen kehren wieder, sodass man das Gefühl hat, mit ihr zu leben, mit ihr die immer gleichen, immer neuen Spaziergänge zu machen, mit ihr die süßen Stunden im Zimmer mit ihren Napoleonbildern zu verbringen. Sie gewinnt die Aufmerksamkeit ihrer Lesernnnie[*] mal mit einer Olive, mal mit einem Sonnenuntergang, mal mit einer gelungenen Karikatur. In ähnlicher Weise sieht man übrigens auch junge Malernnnie sich üben. Sie schreiben die Welt, alle Teile zum jeweils ersten Mal, in einer Perfektion, die oft verschwindet, nachdem ein abgerundeteres Werkverständnis die Notwendigkeit von Kompromissen ersichtlich gemacht hat. Wer mit 40 Jahren noch naturalistisch malt, ist naiv oder stur; mit 19 aber ist es so richtig wie zu atmen, sich Einzelstudien mit aller Genauigkeit hinzugeben.

Habe ich sie liebgewonnen? Ja und nein. Sie ist wie eine Schwester. Man sieht ihre Fehler. Man fühlt ihre rohe Kraft. Im Laufe des Buchs kommt auch eine gewisse Ungeduld mit ihr auf. Während Mary MacLane als einsames, 19-jähriges Genie über die öden Hügel spazierte und auf den Heiland in Form des Teufels wartete, der ihr Freude bringen sollte, fanden unten in Butte, der größten Boomtown jener Zeit, Kämpfe für Arbeiterrechte statt, die für ganz Amerika entscheidend waren. Die Repressionen gegen organisierte Arbeiter, aber schon die Arbeit an sich waren weit entfernt von jeglichen Menschenrechten; wer sich dagegenstellte, wurde verhaftet, verschleppt, bedroht oder gleich vernichtet. Viele Immigranten lebten ohne Rückhalt durch Familie oder Freunde bzw. kannten seit Generationen kein solideres Leben; Nachbarn waren oft unvernetzt und misstrauisch – wie MacLane anschaulich schildert. Chinesen war seit 1882 der Aufenthalt per Bundeslegislation verboten, Rassismus war an der Tagesordnung, irische Slums prägten die Atmosphäre der Stadt. 1905 vereinigten sich in Colorado die le-

---

[*] Ich verwende mein übliches »polnisches Gendering«: alle für alle Geschlechter nötigen Buchstaben kommen in gefälliger Reihenfolge ans Wortende.

gendären Wobblies (Industrial Workers of the World), die als radikalere Linie der Gewerkschaftsbewegung später Butte zu einem Zentrum des Sozialismus machten. Doch Mary MacLane hält sich fern von politischen Angelegenheiten. Nur einmal sehen wir wie vom Blitz erhellt ein Panorama der Stadt und ihrer Menschen. Ansonsten verschließt MacLanes Verachtung für die Grobheit und Blödheit ihrer Mitmenschen ihr und somit uns die Augen. Wobei sie natürlich recht hat, Menschen sind so. Das ist ja eben der Grund, warum wir Rechte brauchen: weil es so schwer ist, sich für unsere idiotischen Leben zu interessieren.

Ein herrliches Individuum? Ein neuer Typus?

Wer einmal *Daisy Miller* (1878) von Henry James gelesen hat, der oder dem kam sicherlich zu Bewusstsein, dass sich in den USA Ende des 19. Jahrhunderts ein neuer Frauentypus herausbildete: junge Menschen weiblichen Geschlechts, die die in die US-amerikanische Nationalideologie eingeschriebene Ermächtigung zum eigenständigen Denken ernst nahmen und sich als Erstes natürlich gegen einige offensichtliche Widersprüche in ihrer Gesellschaft auflehnten. Die zum Prinzip der Vernunft in krassem Widerspruch stehenden Verhaltensregeln in Bezug auf Frauen übertrafen in der Neuen Welt teils – in den höheren Gesellschaftsschichten – mit ihrer manierierten Prüderie die Zwänge in Europa bei weitem, während sie andererseits weiter unten in der sozialen Hierarchie von der raueren, vielfältigeren Realität recht abgeschliffen waren. Dieser Widerspruch musste jedem und jeder als irrsinnig auffallen.

Wo sind nun diese ganzen Frauen? Sie tauchen hier und da auf, als lokalgeschichtliche Heldinnen, Abenteurerinnen, Kriminelle, Managerinnen – in der Literatur aber müssen wir, trotz James' einprägsamem Porträt der kommenden Generation, eigentlich auf Gertrude Stein warten, die 1909 ihr erstes Buch veröffentlichte, um die neue US-amerikanische Frau in ihrer eigenen Schreibe zu erleben. Bei Stein hört man schon die schneidende, betont und mit Gusto vulgäre Diktion, für die US-Amerikanernnnie bis heute bekannt sind. Im Jahrhundert davor muss sich diese Sprechweise aus vielen Dialekten und Pidgin-Idiomen zusammengebraut haben. Mary MacLane scheint ihren Stil eher aus der Lektüre ihres (leicht verzogenen) Kanons an Klassikern entwickelt zu haben, als dass sie die Töne ihrer Mitmenschen imitiert hätte, die sie ja verachtet. Doch genau diese Eklektik, diese Halbbildung, wo ein selbstbewusster Geist in gefühlter Freiheit aus einer haldenförmigen Vergangenheit herauspickt, was ihr oder ihm gefällt, ist auch wieder ein Charakteristikum der US-amerikanischen Kultur. Die transkulturelle Chuzpe eines Ezra Pound ist davon ein anderes Zeugnis – zunächst produktiv, später tödlich, wenn dem eigenständigen Denken die Kraft zur Orientierung ausgeht. Umwertung der Werte ist eine Kunst, die leider noch nicht fertig entwickelt ist – wir müssen das tun.

In Wahrheit gab es natürlich viele Autorinnen, in den USA und auf der ganzen Welt, und jede hatte ihre eigene Stimme. Etwas stimmt mit unserer Geschichtsschreibung nicht. Auch wenn die Lust fehlt, die weiblichen Fontanes und Theodore Dreisers auszugraben und zu lesen – die Schriftkultur war zu der Zeit nun mal moralingetränkt und überschnörkelt –, müssen wir wenigstens unser Bild der »Frau im 19. Jahrhundert« dahingehend korrigieren bzw. überhaupt ausfüllen. Jemand wie Mary MacLane ist nicht gar so eine Ausnahmeerscheinung, wie die selektive Überlieferung es uns nahelegt. Sie selbst zitiert fast so viele Frauen wie Männer unter ihren Lektüren, es fehlt ihr nicht an Vergleichen, und es ist gerade diese Orientierung, dank der ihr Tagebuch trotz der titelgebenden Diablophilie so glänzend den Bechdel-Test besteht (bei dem geprüft wird, ob in einem Werk Frauen miteinander über etwas anderes als einen Mann sprechen). Zugleich hat MacLane ein feines Gespür für Schein-freiheiten und die Frauen gesetzten, sehr deutlichen und gespenstischen Grenzen (wenn du sie übertrittst, wird dich niemand umbringen, aber du bist nicht mehr heiratbar und hast somit ein Problem – dieser Terror der rechtlichen Abhängigkeit war wirksamer als jedes direkte Verbot). Sie sieht die Grenzen und setzt sich seelenruhig über sie hinweg – und nur so geht es. Auch die Philosophie stärkt ihr dabei den Rücken: Verachte das Gesetz, das dich verachtet, und dann wird man sehen, wer lebt und wer ein Papiertiger ist. Leider sind Lebende auch verletzlich, im Gegensatz zu Papier. Umso besser, dass MacLane sich aufgeschrieben hat und jetzt erstmals auch auf Deutsch veröffentlicht wird – ein weiteres Mosaikstück fügt sich in das Bild der Frauen in der Weltgeschichte ein.

Kulturlandschaft mit wahrnehmender Frau

Mary MacLane ist die Beobachterin und Beschreiberin einer verwüsteten Natur und Kultur, und sie ist auch deren Produkt. Wer immer die USA heute als leere Natur wahrnimmt, hat teil an jener brutalen Ignoranz, die strukturell dominant geworden ist – es gab ja einmal Leben in diesen Bergen. Es gab andere Geschichten, etwa die der Felsformation, nach der die Stadt Butte in generischer Lakonik benannt ist. Wenn sie noch überliefert sind, wären sie zu finden bei den Nachkommen der Menschen, die bei Mary MacLane gelegentlich als verwahrloste Figuren in Decken erscheinen, also bei den Assiniboine, Blackfoot, Little Shell Chippewa, Cree, Crow, Coeur d'Alene, Gros Ventre, Kootenai, Palouse, Spokane, Northern Cheyenne, Metis, Pend d'Oreille, Salish und Sioux.

Nicht weit von Butte, so geht die Sage, kamen zwei Crow-Brüder von einer Reise zurück und fanden ihren ganzen Stamm an den Pocken erkrankt – einer der von den Europäern eingeführten Krankheiten, die die Amerikanernnnie massenweise dahinrafften. Mit der verzweifelten Idee, sich den Geistern als Opfer anzubieten, um zur Heilung ihres Stamms beizutragen, verbanden sie ihren Pferden die Augen und ritten in vollem Tempo über die Felskante hinweg, die seither Sacrifice Cliff heißt. Daran muss ich denken, wenn MacLane in einem der ersten Tagebucheinträge schreibt, sie sei an den Rand der Welt gekommen – und stehengeblieben.

Jenes erwartungsvolle Verhalten, von biblischen Klängen begleitet in Zukunftsträumen zu schwelgen, erklärt sich natürlich aus MacLanes Grundgefühl, noch gar nicht gelebt zu haben. Wenn man 19 ist und über einen kräftigen Körper verfügt, scheint es an guten Tagen fast undenkbar, dass es nicht möglich sein sollte, eine Welt zu erschaffen, die einem besser gefällt als die gegebene. Zugleich liegt MacLane in ihrem Instinkt, sich mit dem Teufel zu identifizieren, todrichtig. Leere, Gottlosigkeit, logisches Denken und eine Neigung zum Trotz sind passende Antworten auf die Absurditäten und auf das Ausmaß der Umweltverwüstung mit viktorianischem Antlitz, die Mary MacLanes heimatliche Landschaft darstellen. Die Gegend ist physisch und geistig desertifiziert. Was von der Natur übrig geblieben ist, eine Art stumme, schmerzvolle Erhabenheit, gibt der Autorin nun ästhetischen Trost – ein bitteres Echo ihrer eigenen erzieherischen Verwahrlosung – und ein passendes Setting für ihren Heroismus – dem Echo des Größenwahns ihrer männlichen Zeitgenossen.

Was waren das für Stollen?

An einer Stelle fantasiert MacLane, ein wenig im Gothicstil, über ihren Tod in der Tiefe ihres Lieblingslochs, einem kleinen aufgelassenen Schacht, mit einer Überdosis Morphium. Dies ist der konkreteste Hinweis im Text auf die massive Bergbauindustrie, die in MacLanes Lebenswelt unter anderem weitgehend die Pflanzendecke chemisch versengt hatte.

Butte, Montana, war einst die Hauptstadt des Bergbaus in den USA. 1882 produzierte der Bezirk neun Millionen Pfund (etwa 4000 Tonnen) Kupfer. Im Jahr 1883 stieg die Produktion sprunghaft um über 250 Prozent an. Um 1884 waren vier große Schmelzhütten in Betrieb. Das damals weltweit größte Hüttenwerk wurde 30 Meilen weiter westlich in Anaconda gebaut. Butte wurde von den 1890ern bis in die 1930er Jahre ein Zentrum der Kämpfe um Arbeiterrechte. Außerdem befand sich dort eine technische Avantgarde im Bereich des Bergbaus, der Bohrung und der Erzgewinnung.

Um 1896 wurden auf fünf Quadratmeilen 210 000 000 Pfund (etwas mehr als 95 Millionen Kilogramm) Kupfer pro Jahr produziert, was über 26 Prozent des weltweiten Bedarfs und 51 Prozent des Bedarfs der USA deckte. Wenn man überlegt, dass das die Zeit war, in der weltweit Telegraphen- und Strom- und schließlich Telefonleitungen verlegt wurden, kann man sich die nötigen Mengen gut vorstellen. An die 8000 Menschen waren in Butte im Bergbau angestellt, die pro Monat nach heutigem Wertmaßstab zusammen 44 Millionen Dollar an Lohn erhielten. Eine mickrige Summe im Vergleich zu den Profiten, die sich in heutiger Währung gerechnet etwa in der Höhe einer Milliarde Dollar pro Jahr bewegten. Um die Jahrhundertwende produzierte auf der Welt nur Südafrika in ähnlicher Größenordnung.

Das schlimmste Grubenunglück in der Geschichte des Hartgesteinbergbaus nahm am 8. Juni 1917 in der Granite Mountain Mine 168 Bergmännern das Leben. Daraufhin kam es zu Streiks. Frank Little, ein an verschiedenen Orten in den USA tätiger Aktivist, reiste nach Butte, um mit seiner organisatorischen Erfahrung dabei zu helfen, die arbeitende Bevölkerung zu mobilisieren. Zugleich protestierte er gegen den Ersten Weltkrieg, der aus seiner Sicht ein Krieg der Reichen auf Kosten der Armen war. Little wurde am 1. August nachts von maskierten Männern aus seiner Unterkunft in Butte geholt, hinten an ein Auto gebunden, über eine steingepflasterte Straße geschleift und an einer Eisenbahntrasse aufgehängt, als Warnung für die Streikenden. Dieser krasse Fall gibt einen Einblick in das allgemeine Level an Rohheit und Gangstertum, der die Gesellschaft rund um den Aufbau des US-amerikanischen Reichtums prägte. Buttes Bergbauindustrie profitierte vom Zweiten Weltkrieg, wurde jedoch hinsichtlich der Fördermenge überholt durch Produktionsstätten in Chile und Mexiko, während sich die USA begannen, ihr Image als Vorbildnation sauberzuwaschen.

Nach dem Krieg wurde in Butte mit dem Blockbruchbau angefangen, um weniger gehaltreiches Material abzubauen. Dabei wird von unten auf die Gesteinsschicht zugegriffen, die von oben zusammenfallend sich in vorgefertigte Kanäle drückt. Magereres Erz wurde nun in größeren Mengen abgebaut. Zugleich wurde rund um den alten Berkeley-Stollen mit dem Tagebau angefangen, der bald zur Hauptstätte in Butte wurde und 1963 der Verarbeitungsmaschinerie, »Weed Concentrator« genannt, 25 000 Tonnen pro Tag lieferte. Dabei wurden drei Stadtbezirke abgegraben. Die Tätigkeit der Anaconda Mine kam in den 1980ern zum völligen Stillstand, in der Ostgrube gingen die Arbeiten bis 2005 weiter. Zurück bleibt eine verseuchte Landschaft mit Arbeitslosen. Im Zentrum der sogenannten Superfund Site liegt heute der giftige See der Berkeley-Grube – zu Mary MacLanes Zeiten war das noch ein kleiner Schacht.

Auf eine Art könnte man also sagen, der Teufel hat dort in der Tat gehaust. Eines der von Mary MacLane bei der Beschreibung ihrer Umgebung am allerhäufigsten wiederholten Wörter ist *barren*, ›unfruchtbar, öde‹. Es hat im Englischen eine sehr räumliche, hallende Phonetik, die es oft mehr assoziativ als reproduktionstechnisch klingen lässt. Das deutschsprachige Ohr hört indessen den Goldbarren mit; etymologisch sind die Wörter auch tatsächlich verwandt, über die Brücke des Baren oder Nackten.

Im Fall von Mary MacLane hat die Ödnis des Umfelds, das Vakuum an Erziehung und Bildung, das sie anklagt ganz in einem ähnlichen Sinn wie heute Greta Thunberg, doch einen wilden, fähigen Geist hervorgebracht. Nach dessen verbalen Kahlschlägen voll sengender Verachtung fällt wieder zärtlicher, schwerer Regen, sprießt frisches Gras, und wenn der Teufel auch nicht selbst in Erscheinung tritt, so liefert doch eine gut geölte Eisenbahn verlässlich Jungzwiebeln aus Kalifornien – die *jemand* aus der Erde gezogen hat.

Ann Cotten

There's something about Mary

Wäre Mary MacLanes besondere Begabung die Malerei gewesen, sie hätte nur für die größte Leinwand überhaupt den Pinsel in die Hand genommen. Vermutlich hätte sie alle Bilder Jacques-Louis Davids kopiert und sich selbst in sämtliche Heldenrollen von den Horatiern bis zu Napoleon eingesetzt.

Doch leider war Mary ihrer bescheidenen Auffassung nach nicht einfach hochbegabt, nein, sie war ein Universalgenie. Die werden leider chronisch verkannt, damals wie heute. Erst recht, wenn sie dem falschen Geschlecht angehören. Und Malen war nicht so ihr Ding. Wie trotzdem an das überlebensgroße Selbstporträt gelangen, das aller Welt endlich vor Augen führt, mit was für einem bedeutenden Exemplar der menschlichen Art sie es zu tun hat? Mary MacLane bediente sich der Waffe der unterdrückten Frau unter stumpfen Männern, des einsamen Teenagers unter idiotischen Erwachsenen, des mondänen Genies unter kleinkarierten Provinzheinis: Sie schrieb Tagebuch.

Die Form des Tagebuchs war wohlgemerkt eine Finte, um Intimität und Unmittelbarkeit herzustellen, die Illusion von skandalöser Schamlosigkeit zu erzeugen. So wandelbar seine Form ist – die Britin Anne Lister (1791–1840) etwa notierte nicht nur, wann und mit wem sie Geschlechtsverkehr hatte und ob sie einen Orgasmus hatte (und was für einen), sondern auch die genaue Konsistenz ihres Stuhlgangs –, allen Tagebüchern ist gemein, dass sich ein Mensch in ihnen erfindet. Was vorher wild durch den Kopf schwirrte, kondensiert in Wörtern und verändert dabei seine Gestalt so gründlich, dass sich manche Tagebuchschreiberin in ihren eigenen Sätzen kaum wiedererkennen mag. Aber eben indem man sich selbst fremd wird, erlangt man schöpferische Freiheit.

»Alles, was geschieht, schreibst du auf«, sagt die kindliche Kaiserin in Michael Endes *Unendlicher Geschichte* zum Alten vom wandernden Berg. »Alles was ich schreibe, geschieht«, antwortet der.

Mary MacLane verfasste ihr autobiographisches Werk in einer Welt, in der 19-jährige Frauen in der Bergbauregion Montana wenig Aussicht auf all die Dinge hatten, die sie sich wünschten: Intensität, intellektuelle Stimulation, Ruhm. Die Selbstschöpfung ging weit über den erstaunten Blick auf das, was sie selbst notiert hat, hinaus. Mary MacLane inszenierte ihre eigene Kaiserkrönung nach allen Regeln der Kunst als literarische Show. Sie liebte Oliven und Frauen und wartete auf den Teufel, und mit ihrem Schreiben gelang ihr, was sie prophezeit und ersehnt hatte: Sie wurde berühmt.

Das Manuskript, das sie 1902 an einen religiös orientierten Verleger schickte, wurde an den Verlag Herbert S. Stone & Co. weitergereicht. Dessen Lektorin war sich sicher, eine Sensation an der Hand zu haben, und sagte zu. Der Verlag veröffentlichte MacLanes Text im April 1902 unter dem Titel *The Story of Mary MacLane* (den von der Autorin gewählten Titel *I Await the Devil's Coming* fand man damals wohl zu provokant, er wird erst seit der amerikanischen Neuauflage von 2013 verwendet). Der Erfolg war überwältigend. Schon im ersten Monat wurden über 100 000 Exemplare verkauft, und MacLane bekam über Nacht endlich die Anerkennung, die sie für ihr natürliches Recht hielt.

Reporter aus allen Gegenden der USA kamen ihretwegen nach Butte, dessen Baseballteam sich in »The Mary MacLanes« umbenannte. Junge rebellische Frauen wurden scherzhaft mit »MacLaneism« diagnostiziert. »Preisgekrönte Ochsen und Vollblutpferde wurden nach ihr benannt, ebenso wie Zigarren, Eisgetränke und eine Marke von Tabasco-Pfeffersauce«, berichtet der Literaturwissenschaftler Michael R. Brown. Auf den Titelseiten der Tageszeitungen wurde sie zuweilen schlicht »Mary« genannt, und Amerika wusste, um wen es ging. Eine Weile war das Land regelrecht besessen von ihr.

Henry Louis Mencken, einer der bedeutendsten Literaturkritiker seiner Zeit, resümierte 1910 anlässlich einer Neuauflage des Buches:

Die Tatsache, dass eine in Butte, Montana, lebende Frau Kabeljaubällchen, farbige Unterwäsche, Bandwürmer, gebratenes Rindersteak, nette alte Damen, unreife Bananen, Gentlemen, falsche Zähne und die Werke von Archibald Clavering Gunter grauenhaft finden sollte und jenes Grauen öffentlich anzusprechen wagte – dies veranlasste das gesamte amerikanische Volk innezuhalten, hinzuschauen und zuzuhören.

Andere waren weniger erfreut. Die *Literary World* erklärte im Juli 1902, MacLane sei »eine ziemlich schlichte, ungezogene, trotzige junge Frau«. Das sehe man schon ihrem Foto an. Sie waren der Überzeugung, dass die Autorin »eine Karikatur sein muss, die von einem bösen Journalisten erfunden wurde, um das schlechtestmögliche Bild einer Frau zu zeichnen«.

Die meisten allerdings lagen Mary MacLane zu Füßen. Sie entging knapp einem Entführungsversuch und verließ Butte, um nach Chicago und dann nach New York zu ziehen. Später, als ihr das Geld ausging, würde sie zeitweilig nach Butte zu ihrer Familie zurückkehren müssen.

Im August des Jahres 1902 gab sie der Journalistin Zona Gale, später selbst eine berühmte Autorin und die erste Frau, die den Pulitzer-Preis für ein Theaterstück erhalten sollte, ein Interview für die *New York World*. Ob sie der weibliche Walt Whitman sei, fragte Gale sie – nachdem die Journalistin ausführlich beschrieben hatte, wie viel hübscher Mary in Wirklichkeit sei als auf ihren Bildern. Worauf MacLane konterte, sie habe nie eine Zeile von Walt Whitman gelesen. Elbert Hubbard ebenso wenig, Browning sei ihr egal, Rossetti sei ihr egal, Longfellow sei ihr egal:

»Von den Dichtern setze ich Vergil an die erste Stelle – er war der Größte. Poe als Nächstes, und das Größte, was er schrieb, war Annabel Lee. Chaucer kommt an dritter Stelle.« Robert Louis Stevenson, Charles Dickens und Charlotte Brontës *Jane Eyre* fanden knapp ihre Gnade, aber »Annabel Lee ist das größte Gedicht, das jemals geschrieben wurde«.

Eine erstaunlich aktuelle Art der Selbstinszenierung. MacLane verwahrte sich gegen literarische Vorbilder und äußere Maßstäbe; sie setzte stattdessen ihre eigenen. Wobei sie ihre Gesprächspartnerin natürlich auch ein wenig anlog, da sich durchaus einige literarische Anspielungen in ihrem Werk verbergen. Gale war sichtlich beeindruckt. MacLane klaute ein paar Oliven und forderte den Kellner zu einer Wette heraus.

Im selben Interview prophezeite Mary MacLane ihr eigenes Schicksal erstaunlich präzise: Sie sagte, sie werde noch drei Bücher schreiben. Nach ihrem 25. Lebensjahr werde sie »nichts sein«, denn mit »allen MacLanes geht es nach ihrem 25. Jahr abwärts«. Weiterhin weissagte sie, fünfzig Jahre nach ihrem Tod werde man ihr erstes Buch für ihr Meisterwerk halten.

Sie hat in all dem mehr oder weniger recht behalten, wie man heute rückblickend feststellen kann – wenn man davon absieht, dass ihr viertes Buch kein Buch, sondern ein Stummfilm sein würde.

Ihre letzte Vorhersage an diesem Tag lautete, dass die Welt sie nicht vergessen werde.

Genau genommen sagte sie: *I shall not be forgotten*, was mit dem deutschen ›Ich werde nicht vergessen werden‹ nur ungenau wiedergegeben ist, schließlich hat *shall* im Englischen doch auch den Beigeschmack von ›sollen‹. »Ich soll nicht vergessen werden.« *Shall* ist ein beschwörendes Wort, aus dem man leicht einen Hexengesang formen könnte: »The sun shall rise / the birds shall sing / and Mary MacLane shall not be forgotten.«

Ihr Debüt war eine Weltsensation gewesen. Ein vergleichbarer Erfolg war MacLane weder mit ihren beiden späteren, weniger provokanten Werken *My Friend Annabel Lee* (1903) und *I, Mary MacLane: A Diary of Human Days* (1917) noch mit ihrem Stummfilm *Men Who Have Made Love To Me* (1918) vergönnt – obschon man ihr das Schauspieltalent einer Sarah Bernhardt bescheinigte und auch die beiden Bücher durchaus für Aufsehen sorgten. Vielleicht wollte sie allerdings auch gar nicht, dass der Hype um ihren Erstling sich wiederholte. Mit den Schattenseiten ihres Ruhms haderte sie stets.

Mary MacLane starb 1929 mit 48 Jahren in einem Hotel in Chicago, vermutlich an Tuberkulose. Ob sie dem Teufel, den sie so sehnsüchtig erwartet hat, wohl je begegnet ist?

Man weiß es nicht. Vielleicht steht es in seinem Tagebuch. Falls er eines führt, wird er der wunderbaren Mary sicher einige Seiten gewidmet und sie persönlich abgeholt haben.

Sie starb, und nach einiger Zeit wurde sie fast vergessen.

Zumindest für eine Weile.

* * *

Erst 1993 beginnt allmählich die Wiederentdeckung ihres Werks. *I Await the Devil's Coming* erscheint 2013 in einer Neuausgabe, gefolgt von weiteren ihrer Texte; inzwischen liegen Übersetzungen ins Dänische (2013), Spanische (2015) und Französische (2018) vor.

Während Mary MacLane (hoffentlich!) irgendwo mit dem Teufel tanzt, liegt ihr autobiographisches Werk vor uns als Widerschein eines jungen, ungeduldigen Geistes in expressiver und doch für dieses Ausmaß an Energie unzulänglicher Sprache. Heute würde Mary den exzentrischen Rapper Kanye West in den Schatten stellen. Er mag größenwahnsinnig und selbstverherrlichend sein, aber letztlich produziert er doch nur Beats und hält sich für Jesus. Marys Anspruch ist dagegen, die Welt aus eigenem Recht neu zu deuten.

»Ich bin eine Künstlerin vom allerkünstlerischsten, vom höchsten Typus«, erklärt sie schon auf den ersten Seiten. Sogar ihr wichtigstes Vorbild, die russische Malerin und Autorin Marie Bashkirtseff (1858–1884), ordnet sie sich unter. »Ja, wie man mir gelegentlich mitteilt, ähnle ich ihr in manchen Punkten. Aber in den meisten gehe ich über sie hinaus. Wo sie tief ist, bin ich tiefer. Wo sie wunderbar ist in ihrer Intensität, bin ich noch wunderbarer in meiner Intensität. Wo sie Philosophie hat, bin ich Philosophin.«

Sie pubertiert, aber wie! Ihr Selbstporträt ist von unbändigem Freiheitsdrang erfüllt. Sie hantiert mit den kulturellen und sprachlichen Codes ihrer Zeit, indem sie sich an ausgewählten unter den wenigen ihr verfügbaren Büchern orientiert, mit deren Autorinnen sie irgendeine Verwandtschaft spürt. Sie zeigt ihre sensible Beobachtungsgabe, wenn sie ihren Wohnort Butte in seiner drückenden Kläglichkeit beschreibt. Aber auch in ihrer Begeisterung für einen Sonnenuntergang liegt mehr als nur Teeniepathos. MacLane evoziert damit ein starkes Bild: Sie setzt die umfassende Hässlichkeit ihrer Lebenssituation gegen die überwältigenden Lichterscheinungen des Kosmos, der als ein einziges Freiheitsversprechen erscheint.

»Ich möchte schreiben, schreiben, schreiben!«, notiert sie, »Ich möchte dieses Schöne, Gütige, Zärtliche, Erquickende erlangen: Ruhm. Ich will ihn – oh, ich will ihn! Ich will all meine Unbekanntheit, mein Elend, – mein müdes Unglück für immer hinter mir lassen. Ich bin meines Unglücks so zum Sterben müde.«

(Der französische Poet François Villon schrieb im 15. Jahrhundert, später von Paul Zech nachgedichtet: »Ich habe dennoch so viel Mut zu hoffen / dass mir sehr bald die ganze Welt gehört!«)

Es ist frappierend, wie zeitlos die emotionalen Zustände der Pubertät sind – und wie selbstbewusst Mary MacLane sie in Worte fasst. Im Gegensatz zur heutigen Zeit, in der eine solche Ich-Bespiegelung ungleich üblicher ist, wirken gerade ihr Größenwahn und Pathos sympathisch. Wer heute »Ich« sagt, sucht sich dafür meistens ein soziales Feigenblatt, verfasst etwa eine soziologische Studie am Beispiel der eigenen Herkunft. Welterkenntnis durch Selbsterkenntnis. Ein im Kern egozentrisches Unterfangen, das bloß nicht egozentrisch wirken soll.

Mary ist dergleichen völlig schnuppe. Sie schreibt zwar – sehr körperbetont für ihre Zeit – darüber, wie großartig es einerseits ist, eine Frau zu sein, und wie sehr es sie andererseits schmerzt, aufgrund ihres Geschlechts nicht der Napoleon sein zu können, der sie gerne wäre. Aber letztlich ist sie keine Aktivistin für irgendeine Sache. Vielmehr ist sie einfach der Ansicht, ihr stünden aufgrund ihrer herausragenden Fähigkeiten und tiefen Empfindungen Erfolg und das wilde Leben zu.

Sie entwickelt eine vitalistische Body-Positivity-Philosophie. Sie feiert jeden Aspekt ihres Körpers in beinahe lächerlicher, aber durchaus witziger Poetik:

Meine robuste, empfindsame Leber ruht sanft mit ihrer dünnen gelben Galle in süßer Zufriedenheit.

Mein ruhiger, schöner Magen singt lautlos, während meine Schritte ein Lied des Friedens singen, umgeben vom Glockengeläut, das mein Mittagessen war.

Meine Lungen, getränkt mit frischer Bergluft und dem Duft der Kiefern, dehnen sich in unaufhörlicher Verzückung aus.

Mein Herz pocht wie die Musik von Schumann, in einem leichten, anmutigen Rhythmus mit einem mächtigen Grundton.

Selbst mein Darm räkelt sich zufrieden an seinem Platz wie eine Schlange im heißen Staub, vibrierend mit bewusstem Leben.

Meine starken und empfindsamen Nerven recken sich nach den Sinnen und schwimmen in Sinnlichkeit wie trunkene kleine Bacchantinnen, übermütig und bekränzt in besinnungsloser Feier.

Der gesamte, wunderbare, elegante Mechanismus meines Frauenkörpers ist zur Zeit – wie auch der wunderbare, elegante Mechanismus meines weiblichen Gehirns – im Zauberbann eines Tages im Oktober.

Sechzig Jahre später wird die Dichterin Anne Sexton (1928–1974) in ihrem Gedicht »Zur Feier meiner Gebärmutter« den

weiblichen Körper und das Frausein auf ähnliche Art und Weise
feiern:

Süßes Gewicht,
zur Feier der Frau die ich bin
und der Seele der Frau die ich bin
und des Geschöpfs in meiner Mitte und seiner Freude
sing ich für dich. Ich wage zu leben.
Hallo, Lebensgeister. Hallo, Kelch.
Straffen, Hülle. Hülle, die umschließt.
Ein Hallo an die Erde der Felder.
Willkommen, Wurzeln.

Jede Zelle hat ein Leben.
Es ist genug da, um eine Nation zufriedenzustellen.
Es genügt, daß die Masse diese Güter besitzt.
Jede Person, jedes Gemeinwesen würde dazu sagen:
»Gut, daß wir dieses Jahr wieder pflanzen
und an Ernte denken dürfen.
Braunfäule war vorhergesagt. Doch die ist abgewendet.«
Viele Frauen singen gemeinsam davon:
eine ist in einer Schuhfabrik, verflucht die Maschine,
eine ist im Aquarium, versorgt einen Seehund,
eine sitzt lustlos am Steuer ihres Fords,
eine kassiert an der Mautschranke,
eine bindet in Arizona die Schnur eines Kalbs ab,
eine sitzt in Rußland breitbeinig hinter einem Cello,
eine rückt in Ägypten Töpfe auf dem Herd,
eine streicht ihre Schlafzimmerwände mondfarben,
eine stirbt, erinnert sich aber an ein Frühstück,
eine streckt sich in Thailand auf ihrer Matte aus,
eine wischt ihrem Kind den Hintern ab,
eine starrt mitten in Wyoming
aus einem Zugfenster und eine ist

irgendwo und einige sind überall und alle
scheinen zu singen, obwohl manche keinen
Ton singen können.

(Quelle: Anne Sexton, *Liebesgedichte. Verwandlungen. Gedichte,*
zweisprachige Ausgabe, hrsg. und mit einem Vorwort von
Elisabeth Bronfen, übers. von Silvia Morawetz, Frankfurt a. M.
1995, S. 68 ff.)

Aber im Gegensatz zu Sexton geht es Mary MacLane nicht um
das Schicksal aller Frauen, sondern erstmal nur um sich.

Sie scheint von Friedrich Nietzsches Übermenschendenken
inspiriert zu sein, manchmal neigt sie auch zum Sozialdarwinis-
mus: Das Leben ist ein Kampf. Wer darin beweist, dass er den
anderen überlegen ist, braucht keine Regeln. Gerade vor dem
Hintergrund unserer derzeit stark von Moralismus geprägten
Gesellschaft ist interessant, wie sie sich konsequent als Über-
mensch inszeniert.

Die Geniepose ist der Code, der ihr zur Verfügung steht, um
ihre Entfremdung und ihre Ansprüche auf das wilde Leben da
draußen zu artikulieren. Eine Form von Ermächtigung, die auch
zwiespältig und latent bedrohlich sein kann. Und die bis heute
funktioniert. Was wäre aus Mary wohl im 21. Jahrhundert geworden, mit ihrem »ausgezeichneten jungen Frauenkörper«
und ihrer »erbärmlich ausgehungerten Seele«? Ein Social Media
Star? Eine Diktatorin? Beides?

Es ist schwer zu glauben, dass in der amerikanischen Provinz
um 1900 (in einer Epoche also, in der noch Western spielen)
eine solche Persönlichkeit gelebt haben soll – und dass wir es
mit einer kaum 19-Jährigen zu tun haben. Aber *Ich erwarte die
Ankunft des Teufels* belegt es schwarz auf weiß. Und eine derart
eigensinnige junge Frau konnte sogar zur literarischen Sensation werden. So fadenscheinig das Freiheitsversprechen Ame-
rikas für viele gewesen sein mag, hier zeigt sich auch die anarchi-
sche Sprengkraft eines freien Marktes. Mary MacLanes Existenz

beweist, dass Frauen schon damals – unter weit schlechteren Bedingungen als heute, praktisch am Ende der Welt – Wege finden konnten, ihren Ehrgeiz in tatsächlichen Erfolg zu verwandeln.

Nicht nur wird das Werk eines völlig unbekannten Mädchens gedruckt und zum Bestseller – auch die Stadt Butte, die vor MacLane ja eigentlich keine Gnade findet, versucht, vom Hype zu profitieren. Darin zeigen sich sowohl die ausbeuterische als auch die positive Seite der amerikanischen Kultur bis in die moderne Medienwelt hinein: Einerseits kann das vielen so verhasste Profitdenken den positiven Effekt haben, dass auch eine Person jenseits des Establishments Gehör findet. Andererseits wird diese Person dann auf die Bedürfnisse des Markts zugerichtet – was im vorliegenden Fall aber wiederum nicht die ganze Wahrheit ist, weil es die Autorin zu passiv darstellt. MacLane wird trotz ihrer Jugend um das Provokationspotenzial ihres Textes gewusst haben. Und ihr wird auch klar gewesen sein, dass man sich auf diese Weise Aufmerksamkeit verschafft – und sei es nur für einen Moment:

Glück, wisst ihr, ist von dreierlei Art – und alle sind flüchtig. Es bleibt nie, aber es kommt und es geht. Es gibt jenes Glück, das von frisch gewaschenen Füßen kommt, zum Beispiel, und einem Paar sauberer Strümpfe darauf, besonders, wenn man lange über Land gegangen ist.

In ihrem zweiten Buch, das aus Dialogen besteht, ließ MacLane die beiden Hauptfiguren – sich selbst und die schon erwähnte Annabel Lee – über Vergänglichkeit diskutieren.

»Und werden die Gedichte auch vergessen?«, erkundigte ich mich.
»Ja, vergessen, außer von ein paar wenigen Menschen. Aber wenn sie sich an sie erinnern, erinnern sie sich lange«, sagte Annabel Lee.
»Was ist dann besser, den Massen in Erinnerung zu bleiben,

aber nur kurz, oder von den Massen vergessen zu werden, aber ein oder zwei Menschen lange in Erinnerung zu bleiben?«
»Es ist unvergleichlich viel besser, wenn sich ein oder zwei lange erinnern«, sagte Annabel Lee.

Möge die Übersetzung ins Deutsche dazu beitragen, dass sich nun noch viel mehr Menschen lange an Mary MacLane erinnern werden! Oder wenigstens einer oder zwei.

Juliane Liebert

Zeittafel

1881	Am 1. oder 2. Mai wird Mary Elizabeth MacLane als jüngste Tochter des Unternehmers James W. MacLane und dessen Frau Margaret Lowe im kanadischen Winnipeg geboren.
1885	Umzug der Familie in die Kleinstadt Fergus Falls in Minnesota, USA.
1889	Tod des Vaters. Margaret Lowe heiratet den Anwalt und Freund der Familie H. Gysbert Klenze.
1890	Umzug der Familie zuerst nach Great Falls, schließlich nach Butte in Montana.
1898	MacLane arbeitet bei der Schülerzeitung ihrer Schule mit und veröffentlicht hier erste literarische Texte.
1899	Schulabschluss. MacLanes Pläne, auf die Stanford Universität zu gehen, scheitern, weil ihr Stiefvater das väterliche Erbe verspekuliert hat.
1901	Verfassen ihres ersten Buchs, für das sie den Titel *I Await the Devil's Coming* (dt. *Ich erwarte die Ankunft des Teufels*) plant.
1902	Unter dem vom Verlag entschärften Titel *The Story of Mary MacLane* wird ihr Buch veröffentlicht – und in kürzester Zeit ein durchschlagender Erfolg. Innerhalb eines Monats verkaufen sich 100 000 Exemplare. Die Veröffentlichung wird eine Sensation: Konservative Kritiker verdammen ihre Offenheit und Provokation, es gibt aber auch zahlreiche begeisterte Rezensionen; Reporter aus den ganzen USA reisen nach Butte, um Interviews mit MacLane zu führen; sogar die Baseballmannschaft der Stadt benennt sich in »The Mary MacLane's« um. Sie lernt Caroline Branson kennen, mit der sie einige Jahre zusammenlebt und durch die Vereinigten Staaten reist.
1903	Veröffentlichung ihres zweiten Buchs *My Friend*

Annabel Lee (dt. *Meine Freundin Annabel Lee*), das ebenfalls erfolgreich ist, wenn auch nicht so spektakulär wie das Debüt.

1908   Stone und MacLane trennen sich. MacLane zieht nach Boston, kurze Zeit auch nach New York, arbeitet für verschiedene Zeitungen und veröffentlicht zahlreiche Artikel.

1909   Wegen Geldmangels kehrt MacLane in ihre gehasste Heimatstadt Butte zurück. Kurz nach ihrer Ankunft erkrankt sie schwer an Scharlach und Diphterie.

1912   Beginn der Arbeit an ihrem dritten Buch.

1917   Veröffentlichung des dritten Buchs *I, Mary MacLane* (dt. *Ich*). Da es kurz nach Kriegseintritt der USA in den Ersten Weltkrieg erscheint, bleibt das öffentliche Echo bescheiden. Im selben Jahr verfasst sie das Drehbuch für den Stummfilm *Men Who Have Made Love To Me*, in dem sie auch die Hauptrolle spielt. Der Film sorgte noch einmal für einen kontroversen Erfolg, gilt aber heute als verschollen.

1920   Umzug nach Chicago, wo MacLane in anarchistischen und modernen Künstlerkreisen verkehrt. Als Spätfolge ihrer Erkrankung bleibt ihre Gesundheit langfristig angeschlagen. In den folgenden Jahren zieht sich MacLane weitgehend aus der Öffentlichkeit zurück. Aus dieser Zeit sind auch keine künstlerischen Arbeiten mehr bekannt.

1925   Auf einen Leserbrief in der Zeitschrift *The American Mercury*, in dem gefragt wird, ob sie noch lebt, antwortet sie: »Ja, ich bin am Leben. Ich lebe in Chicago und ich mag es.« Diese Antwort ist ihre letzte bekannte Äußerung in der medialen Öffentlichkeit.

1929   Am 6. August wird Mary MacLane tot in einem Hotelzimmer in Chicago gefunden. Als offizielle Todesursache wird Tuberkulose vermerkt, einige Zeitungen spekulieren auch über Suizid. In der Folgezeit geraten ihre Werke weitgehend in Vergessenheit, bis sie Anfang der 1990er Jahre ein erstes Mal in zwei Sammelbänden und in den 2010er Jahren schließlich mit großem öffentlichem Erfolg neu veröffentlicht werden. 2013 erscheint ihr Debütroman erstmals unter ihrem Wunschtitel *I Await the Devil's Coming*.

Inhalt

Das Werk erschien erstmals 1902 unter dem vom Verleger gewählten Titel
The Story of Mary MacLane bei Herbert S. Stone & Co. in Chicago.
Die Autorin hatte ihm den Titel *I Await the Devil's Coming* gegeben.

RECLAM TASCHENBUCH Nr. 20647
2020, 2023 Philipp Reclam jun. Verlag GmbH,
Siemensstraße 32, 71254 Ditzingen
Umschlaggestaltung: Philipp Reclam jun. Verlag GmbH
Umschlagabbildung: The Newberry Library
Umschlagmaterial: PEYVIDA puro 270 g/m², peyer graphic gmbh
Druck und Bindung: GGP Media GmbH,
Karl-Marx-Straße 24, 07381 Pößneck
Printed in Germany 2023
RECLAM ist eine eingetragene Marke
der Philipp Reclam jun. GmbH & Co. KG, Stuttgart
ISBN 978-3-15-020647-8

Auch als E-Book erhältlich

www.reclam.de

> »Durch gute Leser
> wird ein Buch erst
> wahrhaft gut.«
>
> RALPH WALDO EMERSON

RECLAM≡